AF267256

COLPORTAGE DES JOURNAUX

SUR LA VOIE PUBLIQUE

L'AMENDEMENT JANZÉ

ET

LA JURISPRUDENCE

CHALON-SUR-SAONE

IMPRIMERIE L. LANDA, RUE DE GLORIETTE

1876.

L'AMENDEMENT JANZÉ

ET

LA JURISPRUDENCE

TABLE DES MATIÈRES

COLPORTAGE des JOURNAUX

SUR LA VOIE PUBLIQUE

L'AMENDEMENT JANZÉ

ET

LA JURISPRUDENCE

CHÂLON-SUR-SAONE

IMPRIMERIE L. LANDA, RUE DE GLORIETTE

Juin 1876.

A MESSIEURS LES SÉNATEURS

A MESSIEURS LES DÉPUTÉS

MESSIEURS,

La loi du 29 décembre 1875 et les circulaires ministérielles qui l'ont interprétée, loin de rendre plus intelligible notre législation sur la presse n'ont fait que l'obscurcir davantage. En face des abus de pouvoirs de l'administration, le devoir de débrouiller ce chaos s'impose impérieusement à nos législateurs.

En critiquant l'interprétation du fameux amendement Janzé, donnée par deux cours d'appel et deux tribunaux de première instance, nous croyons rendre un véritable service à la cause de la liberté de la presse, et faciliter le travail préparatoire d'une nouvelle loi.

La jurisprudence a décidé que l'amendement Janzé, devenu l'article 3 de la loi du 29 décembre 1875, *avait pour but d'enlever aux préfets le pouvoir « de restreindre l'autorisation de colportage sur la voie publique à certains journaux, » mais qu'il leur réservait toujours le droit « de refuser ou de retirer d'une manière générale l'autorisation aux colporteurs. »* (Arrêt de la Cour d'appel de Dijon, du 24 avril 1876.)

Nous soutenons que MAINTENIR DANS LES ATTRIBUTIONS DE L'AUTORITÉ ADMINISTRATIVE LA FACULTÉ D'ACCORDER OU DE RETIRER DES AUTORISATIONS DE COLPORTAGE DE JOURNAUX, c'est lui permettre, d'une manière indirecte, *d'édicter l'interdiction de vente et de distribution sur la voie publique, comme disposition particulière, contre un journal déterminé,* mesure que, précisément, l'amendement Janzé a pour objet de ne plus laisser subsister; c'est, en un mot, dans certains cas, réduire la loi à l'état de lettre morte.

Un exemple fera disparaître tous les doutes à cet égard : à la veille des élections sénatoriales, un grand nombre de journaux reproduisirent une lettre d'Erkmann-Chatrian, adressée aux paysans français. Cette lettre, qui contenait une foule de vérités à l'adresse des partis répudiés par le suffrage universel, ne fût point du goût de M. Buffet. Il envoya, aussitôt, dans une circulaire *confidentielle,* l'ordre, à tous les préfets, *de retirer les brevets aux vendeurs des journaux qui la publiaient*, et, par ce moyen bien digne du ministre pour qui la faction bonapartiste était « l'avant-garde du parti conservateur, » il parvint à tourner le texte de la loi et à frapper d'interdiction, sur la voie publique, la vente et la distribution d'une multitude de journaux républicains. Il a fallu la substitution de la République au chaos politique, connu sous le nom de *gouvernement de l'ordre moral,* pour que les préfets rendissent les autorisations qu'ils avaient retirées.

Mais, dans le laps de temps qui s'était écoulé depuis le moment où les colporteurs de journaux furent obligés de suspendre l'exercice de leur profession jusqu'au moment où ils furent réintégrés dans leurs anciens droits, c'est-à-dire *pendant toute la durée de la période électorale,* la vente d'une foule de journaux déterminés fut véritablement supprimée sur la voie publique. C'est ce procédé légitimé récemment par deux arrêts de cours d'appel que nous prétendons, en nous appuyant sur un jugement du tribunal de Chalon-sur-Saône, ne plus être permis aux préfets, depuis la promulgation de la loi du 29 décembre 1875.

La dernière circulaire du regretté M. Ricard, relative au colportage des journaux, ne résout pas l'importante question qui nous occupe, comme l'a prétendu, bien à tort, une partie de la presse libérale. Cette circulaire, conçue du reste en d'excellents termes, consacre la jurisprudence de M. Buffet et des Cours d'Aix et de Dijon, en prescrivant aux préfets de ne « laisser vendre tous les journaux, sans exception, que par les vendeurs et colporteurs ordinaires, *munis de l'autorisation préalable.* »

Après comme avant cette circulaire, c'est l'arbitraire administratif qui est le souverain maître de la presse.

Une lettre de M. le baron Sers, nouveau préfet de Saône-et-Loire, fonctionnaire dont M. de Broglie avait fait, dans l'Eure, l'humble exécuteur de ses volontés, montre suffisamment que, malgré toutes les instructions ministérielles possibles, la presse est aujourd'hui, plus que jamais, soumise au bon plaisir de l'autorité préfectorale.

M. Landa, directeur-gérant du *Progrès de Saône-et-Loire,* avait demandé des permis de colporter en faveur de plusieurs de ses employés; mais, parmi ces derniers, quelques-uns avaient été poursuivis pour avoir vendu le *Progrès* sans autorisation. Acquittés à Chalon, ils avaient été condamnés à Dijon. Ils étaient de bonne foi en se livrant à ce colportage. Du reste, ils étaient d'autant plus excusables que la question de savoir si l'autorisation préalable était nécessaire a causé dans la jurisprudence une véritable anarchie.

VII

Voici la réponse que fit à M. Landa M. le Préfet de Saône-et-Loire, par l'intermédiaire de M. le Sous-Préfet de Chalon :

« Chalon-sur-Saône, le 14 mai 1876,

« Monsieur,

« Monsieur le Préfet me charge de vous informer, en réponse à votre demande, *qu'il ne lui est pas possible* de faire droit aux pétitions des sieurs Monnot (de Buxy), Roberjot (de Chapaize) et Bazot (de Saint-Gengoux), attendu qu'ils ont été récemment poursuivis pour infraction à l'article 6 de la loi du 27 juillet 1849, etc.....

« Agréez, Monsieur, l'assurance de ma considération la plus distinguée.

« *Le Sous-Préfet de Chalon,*

« Signé : CABARUS. »

Cette fin de non-recevoir opposée, sous un prétexte aussi futile, par un préfet de la République à la demande de personnes désirant vendre un journal républicain, montre bien que les représentants de l'administration, dans les départements, sont encore animés vis-à-vis des organes de la démocratie républicaine des mêmes intentions que sous le régime abhorré qui a suivi le 24 Mai.

Il faut, à tout prix, faire cesser ces tracasseries administratives, en supprimant la nécessité de l'autorisation préalable pour la vente des journaux.

Il est urgent, en présence des caméléons politiques, peuplant encore nos préfectures, que le législateur ne laisse plus dans les mains de ces fonctionnaires qui brûlent aujourd'hui ce qu'hier encore ils adoraient, et qui demain retourneraient, sans plus de vergogne, à leurs anciennes amours, cette arme dont le dernier ministre de combat a fait un usage si néfaste pour la liberté. Le moyen d'arriver à cet heureux résultat consiste dans l'adoption du projet de loi suivant :

ARTICLE UNIQUE.

Les dispositions de l'article 6 de la loi du 27 juillet 1849 et la loi du 16 février 1834, sur les crieurs publics, ne s'appliquent en aucun cas aux vendeurs, distributeurs et colporteurs, sur la voie publique, de feuilles périodiques ou journaux.

L'AMENDEMENT JANZÉ

ET

LA JURISPRUDENCE

POSITION DE LA QUESTION ET INTERPELLATION
ADRESSÉE A M. BUFFET, CONCERNANT L'APPLICATION FAITE PAR
LES PRÉFETS DE LA DERNIÈRE LOI SUR LA PRESSE.

L'article 3 de la loi du 29 décembre 1875, ainsi conçu : — « L'inter-« diction de vente et de distribution sur la voie publique ne pourra « plus être édictée par *l'autorité administrative* comme mesure « particulière contre un journal déterminé, » — abroge-t-il l'ar-ticle 6 de la loi du 27 juillet 1849, en ce qu'il a de relatif à la vente, à la distribution, au colportage des *journaux* sur la voie publique ?

Voici le texte de cette disposition :

« Tous distributeurs ou colporteurs de livres, *écrits*, brochures, « gravures et lithographies, devront être pourvus d'une autorisa-« tion qui leur sera délivrée, pour le département de la Seine, par le « préfet de police, et, pour les autres départements, par les préfets. « — *Ces autorisations pourront toujours être retirées par les autorités* « *qui les auront délivrées.* — Les contrevenants seront condamnés « par les tribunaux correctionnels à un emprisonnement d'un « mois à six mois et à une amende de vingt-cinq francs à cinq cents « francs, sans préjudice des poursuites qui pourraient être dirigées « pour crimes ou délits, soit contre les auteurs ou éditeurs de ces « écrits, soit contre les distributeurs ou colporteurs eux-mêmes. »

Cette question si importante a été résolue, en sens divers, par la jurisprudence. C'est M. Buffet, dans une circulaire confidentielle adressée aux préfets, à l'occasion des élections sénatoriales, qui a imaginé l'interprétation restrictive de la liberté de la presse, que deux tribunaux et deux cours ont consacrée en jugeant plutôt d'après la lettre que d'après l'esprit de la loi.

Il est utile de rappeler que M. Buffet a été interpellé, le 20 jan-vier 1876, au sein de la commission de permanence, par MM. Tirard et Ernest Picard, relativement à l'application que faisaient les préfets de la loi du 29 décembre 1875.

Cet incident parlementaire mérite d'être rapporté :

M. Tirard. — Je rappelle à la Commission que, dans la séance du 29 décembre 1875, l'Assemblée a voté une nouvelle loi sur la presse; dans cette loi se trouve un article 3 ainsi conçu :

« L'interdiction de vente et de distribution sur la *voie publique* ne pourra plus être édictée par l'autorité administrative comme mesure particulière contre un journal déterminé. »

Ce texte, aussi clair et aussi net que possible, et qui révèle l'intention manifeste de la part de l'Assemblée de retirer au gouvernement le droit d'interdire la vente et la distribution sur la voie publique, reçoit une application contraire de la part de l'administration.

De nombreux documents nous sont parvenus desquels il résulte que ce serait en vertu d'une circulaire de M. le ministre de l'intérieur, qui n'a pas été rendue publique, soit en vertu d'ordres directement adressés aux préfets, soit par suite de décisions prises directement par les préfets eux-mêmes, qu'un certain nombre de journaux continuent à être frappés de l'interdiction de vente sur la voie publique.

Je demande donc à M. le Ministre de l'intérieur de vouloir bien nous donner des explications nettes et précises sur ce point qui, dans ce temps de période électorale, prend une importance exceptionnelle.

M. Buffet. — Je ne soulèverai pas la question de compétence de la Commission de permanence. Le fait est exact. Nous avons adressé aux préfets, après le vote de la loi, mon collègue M. Dufaure, pour la partie judiciaire, et moi, pour la partie administrative, deux circulaires, dont une confidentielle.

Je tenais à empêcher qu'on ne crût que l'article 6 de la loi du 26 juillet 1849 était abrogé par l'article 3 de la nouvelle loi du 29 décembre dernier.

Il est incontestable que le préfet de police à Paris et les préfets des départements ont le droit d'accorder et de retirer les permis de colportage sur des motifs plausibles bien entendu et non par simple caprice.

M. Noel Parfait. — C'est pourtant ce qui a lieu. Je pourrais citer des faits si l'on en vient là.

M. Buffet. — Les préfets doivent s'enquérir non-seulement de la moralité des colporteurs, mais aussi de la moralité des écrits colportés. Cela est si vrai que la loi nouvelle a établi des complicités en matière de colportage.

Si l'Assemblée avait eu l'intention d'accorder un privilège aux journaux, il lui eût suffi d'introduire dans la loi électorale, en faveur des journaux, une disposition semblable à celle qui concerne les professions de foi et les bulletins de vote. L'Assemblée n'a pas voulu abroger l'article 6 de la loi de 1849. Elle a simplement dit qu'à l'avenir les préfets ne pourraient plus prendre d'arrêté contre un journal déterminé, et, en effet, ils n'en prennent plus.

M. ERNEST PICARD. — Les explications que nous échangeons ici ne sont pas inutiles.

Tous les journaux favorisés tiennent un langage factieux et jamais leurs colporteurs ne sont inquiétés, à l'inverse de ce qui a lieu pour les journaux républicains. Voilà le fait. Voyons le droit.

L'article 3 de la loi de décembre 1875, que nous avons récemment votée, *a voulu mettre un terme à un abus d'interprétation de la loi de* 1849.

Le ministre dit que si on avait voulu donner une immunité aux journaux comme celle qui existe pour les circulaires électorales pendant la période électorale, il aurait fallu le dire ; mais rien de semblable n'a eu lieu. Si une pareille proposition avait été faite à l'Assemblée, elle ne l'aurait pas repoussée.

Ainsi, M. Picard soutient que, par l'article 3 de la loi du 29 décembre 1875, le législateur a désiré surtout faire cesser l'interprétation abusive de la loi de 1849, c'est-à-dire celle qui assimilait les *journaux* et les *écrits* proprement dits. Nous allons voir comment la question a été jugée par les tribunaux et par les cours d'appel.

CHAPITRE Ier.

Jurisprudence des Tribunaux de première instance.

On était à la veille des élections sénatoriales et législatives. Il paraissait par trop évident aux éditeurs de journaux que, maintenir aux préfets le droit d'accorder des brevets aux colporteurs ou de les leur retirer, c'était, d'une manière indirecte, *interdire, sur la voie publique, par mesure particulière, la vente d'un journal déterminé,* précisément ce que l'article 3 de la loi du 29 décembre 1875 avait pour but de supprimer. Aussi, ils n'hésitèrent pas à exercer un droit qu'ils croyaient indiscutable, et ils firent vendre leurs numéros par des distributeurs non pourvus d'autorisations préalables. De là, de nombreuses poursuites judiciaires.

§ Ier. — TRIBUNAL DE BOURG.

A Bourg, le sieur Marguin fut poursuivi pour avoir colporté sans autorisation le *Progrès de l'Ain*. M. Chambaud, rédacteur en chef de journal, fut poursuivi comme s'étant rendu complice du délit imputé à Marguin. Me Morellet, membre du Conseil général de l'Ain, les défendit avec talent. La thèse qu'il soutint, et qui est la seule vraie, ne prévalut pas, cependant, dans l'esprit des honorables magistrats du tribunal correctionnel de Bourg. Les prévenus furent condamnés.

JUGEMENT.

Voici le jugement qui termina les débats ; c'est le premier qui a été rendu dans la matière :

« Attendu qu'aux termes de l'article 6 de la loi du 27 juillet 1849, tout individu voulant se livrer au colportage doit être pourvu d'une autorisation de l'autorité préfectorale ;

Que cette disposition générale est toujours en vigueur et n'a été nullement abrogée par l'article 3 de la loi du 29 décembre 1875 ;

Qu'en effet, cet article n'a pas eu pour but d'enlever à l'administration son droit ou d'accorder ou de refuser l'autorisation de colportage, *mais seulement de lui interdire, comme cela avait lieu autrefois, la faculté d'exclure de cette autorisation* TEL OU TEL JOURNAL DÉTERMINÉ ;

Que la preuve de cette non abrogation devient encore plus évidente quand on se reporte au texte de l'article 2 de la même loi, qui permet de poursuivre comme complices du fait de colportage ceux qui ont fourni les moyens de l'opérer ;

Par ces motifs, après en avoir délibéré : Déclare Marguin coupable d'avoir, le 19 février 1876, à Bourg, sans avoir l'autorisation préfectorale, distribué ou colporté des numéros du *Progrès de l'Ain ;*

Chambaud coupable de s'être au dit jour et au dit lieu, rendu complice de la contravention ci-dessus spécifiée, en donnant à Marguin des instructions pour la commettre ;

Et, faisant aux deux prévenus l'application des dispositions des articles 6 de la loi du 27 juillet 1849, 2 de la loi du 29 décembre 1875, 55, 59 et 60 du Code pénal et 463 du même code,

Condamne Marguin à 16 francs d'amende ; Chambaud à 25 francs d'amende, les condamne solidairement aux dépens. »

D'après ce jugement, le but de l'amendement Janzé n'a donc pas été « d'enlever à l'administration son droit ou d'accorder ou de refuser l'autorisation de colportage, *mais seulement de lui interdire, comme cela avait lieu autrefois, d'exclure de cette autorisation tel ou tel journal déterminé.* »

Raisonner ainsi, c'est éviter la véritable solution de la question. Il n'est pas difficile, cependant, de s'apercevoir que cette suppression, pour l'autorité administrative, du droit d'exclure du régime de l'autorisation préalable tel ou tel journal déterminé est tout à fait illusoire, puisque le préfet conserve toujours la faculté de retirer les autorisations aux colporteurs. Qui sera juge du point de savoir si le préfet accorde des autorisations aux vendeurs de tous les journaux qui s'achètent sur la voie publique ? C'est le préfet. Il sera à lui-même son propre juge. Rien ne l'empêchera donc de refuser des autorisations et, si le journal qui lui déplaît est vendu dans une localité par un *seul* colporteur, de reprendre le brevet qu'il avait accordé, et ainsi, d'une façon détournée, d'interdire la voie publique à *tel journal déterminé*, de prolonger même la durée de cette interdiction, selon son bon plaisir, c'est-à-dire jusqu'à ce qu'il agrée un autre distributeur. Ce n'est certes pas ce qu'a voulu le législateur, qui entendait introduire dans notre législation, non pas un texte sans effet, mais une disposition véritablement libérale.

§ II. — TRIBUNAL DE CHALON-SUR-SAÔNE.

Les magistrats de Chalon-sur-Saône ne voulurent pas admettre l'interprétation du tribunal de Bourg, qui laissait la porte ouverte à l'arbitraire administratif. Ils éprouvèrent, avec raison, une certaine répugnance en voyant la police empiéter ainsi sur le domaine de la justice, et dans l'espèce qui leur fut soumise, ils n'hésitèrent pas à prononcer l'acquittement des prévenus.

A Chalon, le journal inculpé était *le Progrès de Saône-et-Loire*. Cet organe de la presse républicaine qui porte, en tête de ses numéros : *liberté, ordre, démocratie*, avait été supprimé, comme tant d'autres, hélas ! par l'odieux régime de l'état de siége, dont s'est servi, avec tant de cynisme, le gouvernement de combat pour frapper dans l'espace de deux années *deux cent cinquante journaux républicains*, et parmi eux, des journaux très-modérés, comme le *XIXe Siècle*.

M. Landa, directeur-gérant du *Progrès de Saône-et-Loire*, comme M. Chambaud, du *Progrès de l'Ain,* se croyait dans tous ses droits en faisant vendre son journal par des personnes dépourvues d'autorisation.

I. — Débats devant le Tribunal de Chalon (17 *mars* 1876).

Me Hippolyte Druard défendit le *Progrès* devant le tribunal de police correctionnelle.

« Le droit des distributeurs du *Progrès de Saône-et-Loire*, dit le jeune défenseur, ressort incontestablement de l'amendement de M. le baron de Janzé. Cet amendement, devenu l'article 3 de la loi du 29 décembre, a implicitement abrogé, — pour ce qui concerne la vente, le colportage, la distribution des journaux sur la voie publique, — l'article 6 de la loi du 27 juillet 1849.

Le législateur, par la loi de 1849, avait entendu soumettre à la surveillance de l'autorité, et par conséquent à la nécessité de l'autorisation, la distribution publique des livres, *écrits*, brochures, gravures et lithographies, et, par une interprétation abusive, on comprenait dans ce mot *écrit* les publications périodiques et les journaux ; la distribution dont il s'agit n'était donc pas l'exercice d'un droit, mais *une concession*.

Mais c'est précisément ce régime de législation sur la presse que l'article 3 de la loi du 29 décembre 1875 a eu pour but de faire disparaître. — Aujourd'hui, la vente sur la voie publique est *un droit*, ce n'est plus *une concession*. — Cette vente ne peut plus être interdite par mesure particulière. D'où cette conséquence que les journaux n'ont plus besoin d'aucune autorisation préalable pour leurs vendeurs, puisque le refus ou le retrait de cette autorisation serait une *mesure particulière d'interdiction contre un journal déterminé*.

Si, malgré les termes précis de l'article 3 de la loi du 29 décembre 1875, quelque doute s'élevait sur la portée de cette disposition, l'examen de la discussion de la loi ne le laisserait pas subsister.

M. le baron de Janzé a fait remarquer que, dans la pensée du législateur de 1849, l'article 6 de la loi du 27 juin n'était pas dirigé contre les journaux, que le mot « *écrit* » s'appliquait seulement aux brochures, et surtout aux brochures socialistes. Cela a été reconnu dans l'exposé des motifs de la loi, et c'est par un abus d'interprétation que la jurisprudence, et l'administration à sa suite, ont étendu à la presse périodique une disposition qui ne la concernait pas. « *C'est contre cette interprétation de l'article 6, a dit M. de Janzé, que nous avons voulu réagir par notre amendement.* »

M. Albert Grévy, rapporteur de la loi de 1875, répondant à M. Desjardins, sous-secrétaire d'État de l'intérieur, développe le même ordre d'idées que M. le baron de Janzé.

« Quand, pour la première fois, dit-il, après le vote de la loi de 1849, l'administration a voulu prononcer l'interdiction de la vente des journaux sur la voie publique, immédiatement des voix — et des voix autorisées, — se sont élevées pour dire : C'est la violation même de la loi de 1849, c'est la violation des lois de police. En 1850, quand, je le répète, pour la première fois, s'est posée cette prétention, une pétition avait été adiessée à l'Assemblée ; qui prend part à la discussion ? Le général de Lamoricière ; et que déclare-t-il ? Il s'écrie, lui qui avait concouru à la confection de la loi de 1849 :

« *Ce que vous voulez faire, c'est transporter à la police la plus* « *noble, la plus sainte des attributions de la justice, celle de distin-* « *guer dans le pays le bien du mal, le bon du mauvais, les innocents* « *des coupables ; c'est la mission de la justice, et vous ne voudrez pas* « *la donner à la police.* »

Il ressort de l'ensemble de cette discussion que le but de la loi du 29 décembre 1875 a été de rendre inapplicable aux journaux l'article 6 de la loi de 1849, exigeant l'autorisation préfectorale pour la distribution, le colportage *des écrits.*

Par suite, dans l'état actuel de la législation sur la presse, l'autorisation administrative n'est plus nécessaire aux vendeurs et aux distributeurs de journaux sur la voie publique.

Mais cet article 3 de la loi du 29 décembre 1875, nous dit-on, n'a pas eu pour objet d'enlever à l'administration son droit, ou d'accorder ou de refuser l'autorisation de colportage, *mais seulement de lui interdire, comme cela avait lieu autrefois, la faculté d'exclure de cette autorisation* TEL OU TEL JOURNAL DÉTERMINÉ.

C'est là une subtilité. On ne peut pas donner d'une main et retenir de l'autre : « Donner et retenir ne vaut » dit l'axiome droit ; on ne peut pas vous accorder un droit et, d'une façon détournée, vous enlever les moyens de l'exercer.

L'article 2 de la loi du 29 décembre 1875, relatif à la complicité, dit-on encore, parle de l'article 6 de la loi du 27 juillet 1849, et tendrait ainsi à faire croire que le complice devant être puni, à plus forte raison l'auteur principal.

Mais il faut remarquer que cet article 2 s'applique aux faits de complicité du délit, qui consiste, comme dit l'article 6 de la loi du 27 juillet 1849, dans la distribution et le colportage sans autorisation « de livres, *écrits*, brochures, gravures et lithographies. » Pour cette distribution et ce colportage, personne ne soutient qu'une autorisation préfectorale ne soit pas nécessaire. Mais l'article 2 de la loi du 29 décembre 1875 ne vise pas le moins du monde le soi-disant délit de colporter et de distribuer les *journaux*, car ce délit n'existe plus. Sur ce point, il n'y a donc aucune contradiction entre les articles 2 et 3 de la dernière loi sur la presse.

Maintenant, s'il n'est plus nécessaire d'autorisation préfectorale aux vendeurs et aux distributeurs de journaux sur la voie publique, il ne s'ensuit pas que l'autorité reste entièrement désarmée en face de la presse ; mais le droit de répression, au lieu d'appartenir à l'autorité administrative, appartient aujourd'hui, depuis la promulgation de l'article 3 de la loi du 29 décembre 1875, à l'autorité judiciaire.

En effet, l'article 7 de la loi du 11 mai 1868 impose au directeur-gérant d'un journal un dépôt préalable au parquet du procureur de la République, qui peut non-seulement opérer la saisie du journal, au cas où elle serait nécessaire, mais encore en prohiber la distribution et la vente.

Par l'article 12 de la même loi, les tribunaux correctionnels sont investis de droits excessivement importants ; ils peuvent, dans certains cas déterminés, suspendre et même supprimer un journal.

« Ainsi, messieurs, dit en terminant Mᵉ Hippolyte Druard, vous seuls devez avoir la police du colportage des journaux. C'est l'amendement Janzé passé en disposition de loi qui le décide ainsi, car il enlève ce droit de police à l'administration. Si vous ne consacrez pas cette jurisprudence, si vous décidez que l'article 3 de la loi du 29 décembre 1875 n'abroge pas implicitement l'article 6 de la loi du 27 juillet 1849, du moins, en ce qui concerne le colportage, la distribution des feuilles périodiques ou journaux, savez-vous ce que vous ferez ? Vous amoindrirez vos attributions ; ce sera une véritable *capitis diminutio* que vous vous imposerez, car au lieu de posséder, à vous seuls, le monopole de la police des journaux, vous le partagerez alors avec l'autorité administrative.

De nombreux procès semblables à celui qui nous concerne sont en ce moment pendants devant les tribunaux correctionnels ; inaugurez, messieurs, une nouvelle jurisprudence, elle sera imitée, soyez-en sûrs, et ce sera votre constant honneur d'avoir ainsi favorisé la liberté de la presse. »

II. — Jugement du Tribunal de Chalon.

Le tribunal accepta les conclusions de Mᵉ Hippolyte Druard et prononça ce remarquable jugement, qui renvoie les prévenus des fins de la poursuite, sans peine ni dépens :

Le ministère public contre, etc...

Attendu que les prévenus reconnaissent avoir distribué et colporté le *Progrès de Saône-et-Loire,* sans autorisation préfectorale ;

Que les faits sont constants et qu'il s'agit seulement « d'examiner s'ils constituent une contravention aux lois en vigueur ;

« Attendu que pour décider cette question il faut se reporter à la loi du 27 juillet 1849, et en concilier les dispositions avec celles de la loi du 29 décembre 1875 ;

« Attendu que la première de ces deux lois obligeait, par son article 6, les distributeurs ou colporteurs de livres, *écrits*, brochures, gravures et lithographies à se pourvoir d'autorisations du préfet, autorisations qui pouvaient toujours être retirées par l'autorité qui les avait délivrées ;

« Attendu qu'après la promulgation de cette loi on controversa la question de savoir si par *écrits* on devait entendre les *journaux* et que la jurisprudence le décida affirmativement ;

« Attendu que, lors de la discussion de l'article 3 de la loi du 29 décembre 1875, introduit par voie d'amendement, *il a été question de l'interprétation donnée à l'article 6 de la loi de 1849*, et qu'il est clair que l'intention de l'auteur de cet amendement et de ceux qui l'ont soutenu a été de réagir contre l'assimilation que l'on avait faite entre les *journaux* et les *écrits* proprement dits, que c'est même la cause de la vivacité avec laquelle on soutenait d'une part l'amendement et qu'on le combattait d'un autre côté, notamment les ministres qui virent bien les conséquences que produirait son application ;

« Attendu que la disposition de l'article 3, *qui ne parle que des journaux*, a eu évidemment pour but de les affranchir de cette surveillance de détail (l'autorisation préfectorale), ayant paru inutile pour eux, *qui doivent être déposés au parquet* avant toute distribution, formalité qui assure la répression des écarts qu'on pourrait commettre par leur publication ; tandis que des brochures, gravures et autres articles pourraient, par le colportage ou la distribution non surveillés, porter atteinte à la morale ou à l'ordre public avant d'être arrêtés, si le colportage en était libre de tout contrôle ;

« Attendu que si on admettait vis-a-vis des journaux la nécessité d'une autorisation pour les colporteurs ou distributeurs la liberté que la loi accorde aux journalistes de faire vendre leurs numéros sur la voie publique deviendrait illusoire, *parce que l'autorisation aurait pour conséquence le droit de révoquer cette même autorisation, parce que l'administration pourrait toujours empêcher la vente en révoquant l'autorisation, et ce, jusqu'à ce qu'elle eut agréé de nouveaux distributeurs, ce qui serait non-seulement contraire à l'esprit de la loi, mais à son texte même.*

« Attendu que, du moment qu'il est décidé que Monnot et Robert n'ont pas commis de contravention, Landa ne peut être déclaré coupable de complicité,

Par ces motifs,

Le Tribunal, après en avoir délibéré, renvoie les trois prévenus sans peine ni dépens. »

III. — Appréciation de ce jugement par la presse.

L'opinion publique approuva, sans réserve, une semblable décision judiciaire. Les journaux de Paris et des départements, sans distinction de couleur politique, la reproduisirent. Ils saluèrent la jurisprudence nouvelle qui infirmait celle que le trop fameux M. Buffet avait inaugurée. Le *National* (numéro du 20 mars 1876) inséra, en entier, les débats du procès.

Le *XIX*e *Siècle* (n° du 30 mars 1876) publia l'article suivant :

« Le jugement du tribunal de Chalon est la *raison même* et l'on a pas besoin de signaler à l'attention du lecteur les fortes considérations qui l'ont motivé.

L'article de la loi est celui-ci :

« Art. 3 de la loi du 29 décembre 1875. — L'imterdiction de vente
« et de distribution sur la voie publique ne pourra plus être édictée
« par l'autorité administrative comme mesure particulière contre un
« journal déterminé. »

Et les prétentions du gouvernement, d'après les instructions de M. Buffet, étaient les suivantes :

Obliger les gérants des journaux à ne faire vendre ou distribuer leurs feuilles que par des personnes munies d'une autorisation de colportage; et, d'autre part, obliger les colporteurs autorisés, sous peine de retrait administratif de leur brevet, à ne distribuer où à ne vendre que les journaux admis par le préfet à figurer sur un catalogue que lesdits colporteurs devaient lui soumettre.

Ce qui rend, comme le dit fort bien le tribunal de Chalon, la liberté que la loi accorde aux journalistes *illusoire,* et ce qui est, par conséquent, *contraire, non seulement à l'esprit, mais au texte même de la loi.*

Nous sommes donc heureux d'enregistrer ce jugement du tribunal de Chalon-sur-Saône qui, si l'on peut ainsi parler, remet en vigueur l'article 3 de la loi du 29 décembre 1875, qu'une interprétation arbitraire de l'ancien ministre de l'intérieur avait pratiquement abrogée.

Mais... Il y a un *mais,* et le voici : c'est que deux jours après avoir été acquitté par le tribunal de Chalon-sur-Saône, le gérant du *Progrès* comparaissait devant un autre tribunal, celui de Mâcon, sous la prévention du même délit, et il y était condamné à une peine légère, à la vérité (16 francs d'amende), mais enfin *condamné.*

Un troisième tribunal, le tribunal de Bourg, a jugé comme celui de Mâcon.

Si bien que, si les juges de Chalon donnent tort. par des considérants éclatants de clarté, à l'abusive interprétation de M. Buffet, les juges de Mâcon et de Bourg croient devoir lui donner raison.

Appel sera interjeté, nous l'espérons bien, contre les jugements de Mâcon et de Bourg ; et si toutes les juridictions devaient être épuisées, nous ne doutons pas que la cour suprême ne fît respecter, en cette occasion comme en plusieurs autres, l'esprit et le. texte de la loi.

Mais le devoir du gouvernement ne serait-il pas de devancer les interminables lenteurs de la procédure, et d'inviter les fonctionnaires des divers ordres à agir désormais de telle façon que la même liberté qui existe à Chalon ne soit pas compromise à Mâcon et à Bourg ? »

§ III. — TRIBUNAL DE MACON.

Le *Progrès de Saône-et-Loire* avait été également poursuivi à Mâcon pour le même délit qu'à Chalon.

M. Landa avait présenté sa défense. Le tribunal correctionnel de Mâcon, le 21 mars 1876, avait condamné les prévenus, par un jugement dont voici les principaux considérants :

JUGEMENT.

« Attendu que l'article 3 de la loi du 29 décembre 1875 a eu pour objet d'enlever à l'autorité administrative la faculté d'interdire la vente ou la distribution sur la voie publique, comme mesure particulière d'un journal déterminé, mais nullement d'abroger, d'une façon absolue, la législation antérieure qui concerne le colportage des journaux.

» Attendu que la disposition de l'art. 6 de la loi de 1849, exigeant que le distributeur ou colporteur d'un écrit soit pourvu d'une autorisation, a eu particulièrement pour but de ne laisser exercer cette profession que par des personnes dont la moralité ait été particulièrement constatée.

» Attendu que le législateur de 1875 qui s'est uniquement proposé, ainsi que cela résulte clairement des travaux préparatoires, d'enlever à l'autorité administrative tout arbitraire, au sujet de l'interdiction de vendre et de distribuer, sur la voie publique, des journaux spécialement désignés, n'a, en aucune manière, manifesté son intention de priver la sécurité publique des garanties qui lui étaient données par l'application aux journaux de l'art. 6 de la loi de 1849,

Que la pensée contraire a été hautement proclamée par l'auteur même de l'amendement devenu l'art. 3 de la loi, qui s'est ainsi exprimé durant la discussion : « Nous laissons l'administration préfectorale libre de prendre des mesures générales. S'il y a danger public, on retire l'autorisation au colporteur, mais elle n'a pas le droit de dire à tel ou tel vendeur de journaux : vous vendrez les journaux, excepté tels ou tels, voilà où est l'abus et l'extension illégale donnés à l'art. 6 de la loi de 1849. » (*Journal officiel* du 28 décembre 1875, page 10,840, colonne 3.)

« Attendu, au surplus, que si la loi sur la presse du 29 décembre 1875, devait abroger, en ce qui concerne les journaux, les dispositions de droit commun de l'art. 6 de la loi de 1849, elle n'eut pas, dans son article 2, permis de poursuivre comme complices du fait de colportage ceux qui ont fourni les moyens de l'opérer,

Que si telle avait été l'intention du législateur, il eût formellement dispensé de l'autorisation préfectorale le colporteur de journaux, ainsi qu'il l'avait fait précédemment par l'art. 3 de la loi organique du 30 novembre 1875 (argument de M. Buffet), aux termes duquel les circulaires, professions de foi, placards, manifestes électoraux peuvent être, durant la période électorale, distribués sans autorisation préalable, etc.

Par ces motifs, le tribunal condamne, etc. »

Pour la critique de ce jugement, que le lecteur se reporte à la plaidoirie de Mᵉ Hippolyte Druard devant la cour d'appel de Dijon. Il verra qu'elle ne laisse debout aucune des raisons invoquées par le tribunal de Mâcon en faveur de la non-abrogation de l'art. 6 de la loi du 27 juillet 1849 par l'art. 3 de la loi du 29 décembre 1875.

CHAPITRE II.

Jurisprudence des Cours d'appel.

Les Cours d'appel furent saisies de la question qui nous occupe. Deux arrêts, l'un de la Cour d'Aix qui n'a pas trait directement à la matière, l'autre de la Cour de Dijon, sont à notre connaissance.

§ I. — ARRÊT DE LA COUR D'AIX (*18 mars 1876*).

Le 16 janvier 1876, la police saisit sur la table d'étalage de la dame Baudit, marchande de journaux autorisée à Marseille, divers exemplaires de la feuille de *Jean-Pierre André*, interdite par arrêté du commandant de l'état de siége à Marseille.

Citée en police correctionnelle, la dame Baudit fut acquittée par un jugement du 11 février 1876.

Le ministère public émit appel de cette décision. La cour d'Aix a statué comme suit le 18 mars. Nous rapportons seulement les considérants de l'arrêt qui ont trait à notre sujet :

« Attendu que la seule question sérieuse que soulèvent les poursuites consiste à savoir si le fait reproché à la femme Baudit peut entraîner contre elle une répression pénale ;

» Attendu qu'en dehors du droit attribué au commandant de l'état de siége d'assurer l'exécution des mesures prises dans les limites de ses pouvoirs exceptionnels par les moyens d'action dont il dispose, il ne peut être prononcé des peines contre les contrevenants qu'autant que le fait spécial qui leur est reproché est formellement prévu et puni par une loi pénale ;

» *Attendu que, sous l'empire de la loi du 28 juillet 1849, et avant qu'elle fût* NON ABROGÉE, *mais* MODIFIÉE *par la loi de 1875-1876, cette disposition pénale existait ; mais attendu qu'il résulte de la combinaison des art. 6 de la loi du 27 juillet 1849 et 3 de la loi du 29 décembre 1875, 2 janvier 1876, que, d'après le droit commun, la peine applicable au distributeur de livres et* JOURNAUX NON AUTO-RISÉS *n'est plus applicable aujourd'hui au distributeur autorisé, auquel l'autorité administrative, qui est l'autorité compétente de droit commun, aurait défendu de vendre un journal déterminé et qui aurait transgressé cette défense ;*

» Attendu dès lors que le fait reproché à la prévenue non-seulement ne constitue pas un délit prévu et puni par la loi pénale dont le ministère public demande l'application, mais encore un fait que nos lois pénales ne permettent pas d'atteindre d'après une volonté formellement exprimée par le législateur,

La Cour,

Sans s'arrêter à l'appel du ministère public, confirme le jugement dont est appel sans dépens. »

(V. Cassation, 10, 23 avril 1875 ; Orléans, 25 mai 1874.)

Cet arrêt de la Cour d'Aix vise surtout le colportage des journaux *sous le régime de l'état de siége.* Il indique néanmoins que la loi du 27 juillet 1849 a été non *abrogée,* mais *modifiée* par celle du 29 décembre 1875, et que la peine édictée par l'art. 6 de la loi de 1849 est toujours applicable au colporteur *non autorisé.*

La critique de cet arrêt se trouve également dans la plaidoirie de l'avocat devant la Cour de Dijon.

§ II. — ARRÊT DE LA COUR DE DIJON *(24 avril 1876).*

Les colporteurs du *Progrès de Saône-et-Loire* avaient donc été acquittés à Chalon et condamnés à Mâcon. Le ministère public interjeta appel du premier jugement ; M. Landa, directeur-gérant du *Progrès*, trancha appel du second.

Les deux affaires, en tous points identiques, furent réunies par le Parquet de la Cour pour être jugées en même temps, le mercredi 19 avril.

M. le procureur général Boissard occupe le siége du ministère public.

Après la lecture du rapport de M. le conseiller Chopin, M. le procureur général prend la parole.

I. — Réquisitoire de M. le Procureur général Boissard.

L'honorable magistrat commence par constater que les prévenus reconnaissent les faits qui leur sont reprochés ; puis il aborde la discussion.

M. le procureur général se demande quelle a pu être la pensée de l'auteur de l'amendement, devenu l'art. 3 de la dernière loi sur la presse. A cet effet, il donne lecture à la Cour des paroles que prononça M. le baron de Janzé, au cours de la discussion :

« Nous laissons l'administration préfectorale libre de prendre des
» mesures générales ; s'il y a danger public, on retire l'autorisation
» aux colporteurs, mais elle n'a pas le droit de dire à tel ou tel
» vendeur de journaux : vous vendrez les journaux, excepté tels
» ou tels. Voilà où est l'abus. »

M. de Janzé fait bien comprendre, par ce langage, dit M. le procureur général, qu'il n'a pas voulu enlever à l'autorité préfectorale son droit de police vis-à-vis du colportage des journaux et vis-à-vis des colporteurs. Si cela avait été sa pensée, il n'aurait pas établi, dans l'art. 2 de la nouvelle loi, la complicité en matière de colportage illicite. Le but de l'amendement de M. de Janzé, c'est d'enlever à l'autorité administrative tout arbitraire au sujet de l'interdiction de vendre et de distribuer sur la voie publique des journaux spécialement désignés. Si le législateur avait eu l'intention de dispenser les colporteurs de journaux de l'autorisation préfectorale, il l'aurait formellement exprimé, comme il l'avait fait par la loi du 30 novembre 1875 en faveur des colporteurs de circulaires et de professions de foi pendant la période électorale.

Selon M. le procureur général, c'est un danger pour la sécurité publique de supprimer le colportage des journaux et même de modifier la législation antérieure qui le concerne. Du reste, le législateur, loin de resteindre les garanties qui doivent l'entourer s'est toujours efforcé de les étendre.

La loi du 10 décembre 1830, sur les crieurs publics, était illusoire; il fit celle du 16 février 1834 qui, dans son article 1, défendait à tout individu « d'exercer même temporairement la profession de crieur, de vendeur ou distributeur, sur la voie publique, d'écrits. dessins, etc... sans une autorisation préalable de l'autorité municipale, » autorisation qui pouvait être retirée. *L'autorité municipale était impuissante et partiale*, il fallut charger le pouvoir central de la surveillance du colportage des journaux, et, par l'art. 6 de la loi du 27 juillet 1849, les préfets furent investis du droit de délivrer les permis de colporter aux « distributeurs de livres, ÉCRITS, brochures, gravures et lithographies, » et de les retirer.

Selon M. le procureur général, le mot *écrit* doit être entendu dans un sens générique. D'ailleurs, M. Dufaure, alors ministre de l'intérieur, dans sa circulaire du 30 novembre 1849, adressée aux préfets, appliquait aux journaux le mot *écrit* de l'art. 6 de la loi. « Par ce mot *écrit*, portait cette circulaire, vous comprendrez évidemment les journaux; vous avez le droit d'interdire sur la voie publique le colportage des écrits ou emblêmes de toute nature qui vous paraîtront contraires à l'ordre, à la morale, à la religion, à la paix publique. Vous ne délivrerez donc la permission de colporter les écrits qu'aux individus bien famés, etc... »

Depuis longtemps des tentatives étaient faites pour modifier la législation en matière de colportage de journaux sur la voie publique. En 1850, M. de Lasteyrie fit une proposition de loi pour débarrasser le colportage des entraves administratives; elle fut rejetée. Une autre proposition de M. Pascal Duprat eut le même sort. En 1868, nouvelle tentative dans le même sens, de la part de MM. Picard et Jules Favre : nouvel insuccès.

Enfin, en 1875, M. le baron de Janzé réussit; mais le doute s'établit sur la portée de son amendement. M. Buffet, dans une circulaire envoyée aux préfets, et avec lui les tribunaux de Bourg et de Mâcon, soutiennent que cet amendement n'abroge pas, sous le rapport du colportage des journaux, l'article 6 de la loi du 27 juillet 1849. Le tribunal de Chalon-sur-Saône, au contraire, est d'un avis favorable à l'abrogation. Un arrêt de la cour d'Aix, du 18 mars dernier, est en faveur de la thèse que je soutiens. Le *Progrès de Saône-et-Loire* a eu la bonne foi de le reproduire et de nous signaler, en lettres italiques, le considérant qui lui est contraire; cet arrêt dit que la loi du 27 juillet 1849 a été non abrogée, mais modifiée par la loi de 1875-1876, que, d'après le droit commun, la peine applicable au distributeur de livres et journaux non autorisés *n'est plus applicable aujourd'hui au distributeur autorisé auquel l'autorité administrative, qui est l'autorité compétente de droit commun, aurait défendu de vendre un journal déterminé et qui aurait transgressé cette défense.* Si donc la peine n'est plus applicable au colporteur muni de l'autorisation préalable, elle peut être infligée au colporteur qui ne la possède pas.

Le jugement du tribunal de Chalon dit que les garanties, consistant dans le dépôt au Parquet, sont suffisantes pour réprimer les écarts des journaux ; ce n'est pas l'avis de M. le procureur général. Selon ce magistrat, les garanties pour la sécurité publique doivent non-seulement se trouver dans la moralité des écrits colportés, mais encore dans la moralité des colporteurs. Le tribunal de Chalon croit que le colportage, sans autorisation préalable, des brochures, gravures, etc... est plus dangereux que celui des feuilles périodiques ou journaux : ce n'est pas exact ; la vente des brochures s'effectue lentement, on a le temps de l'arrêter, leur estampillage est facile ; la vente des journaux, au contraire, est rapide, elle peut avec facilité être faite délictueusement, et le mal que les journaux doivent causer est accompli lorsque l'autorité s'en aperçoit. Si l'article 3 de la loi du 29 décembre 1875 abroge la législation antérieure en matière de colportage de journaux sur la voie publique, les plus graves dangers menacent la société. Les journaux publieront les brochures qui ne seront point estampillées, tout le monde pourra les vendre sur la voie publique, car les garanties insuffisantes qui existaient en 1834 avec la loi sur les crieurs publics, disparaissent elles-mêmes, l'expression *autorité administrative* de l'article 3 de la loi de 1875 comprenant et l'autorité administrative *préfectorale* et l'autorité administrative *municipale*. Des gens tarés exerceront la profession de colporteurs de journaux sur la voie publique. Ici, M. le procureur général fait un tableau pittoresque des diverses catégories de gens qui, selon lui, envahiraient la voie publique, si la liberté pour tous les citoyens de vendre les journaux était absolue, et il conclut à ce que la jurisprudence du tribunal de Mâcon soit maintenue.

II — Plaidoirie de M⁰ Hippolyte Druard.

La parole est ensuite donnée à M° Druard ; le défenseur s'exprime en ces termes :

« L'affaire que vous avez à juger est très-importante : elle intéresse au plus haut degré la presse nationale tout entière. Jeune avocat, encore à mes débuts, je crains, en présence d'un pareil adversaire, de ne pas être à la hauteur de la mission qui m'est confiée, mais vous m'aiderez dans ma tâche difficile, et je ne doute pas que, guidés par votre sagesse, par votre longue expérience des choses de la justice, nous n'arrivions, après quelques efforts, à la découverte de la vérité. Je viens vous demander d'interpréter, comme les honorables magistrats du tribunal de Chalon-sur-Saône, dans le sens de la liberté de la presse, la question qui, aujourd'hui, est soumise à votre souveraine appréciation. Loin de moi la pensée de vous faire injure en vous priant d'éloigner de vos esprits, au cours de ces débats, toute espèce de préoccupation politique ; c'est un point de droit que nous avons à examiner. Vous savez mieux que moi quels sont vos devoirs, même lorsque vous jugez un procès politique ; vous savez que le magistrat sur son siége est comme le soldat sous les drapeaux : à son poste d'honneur ; le magistrat doit avant tout servir la Justice, de même que le soldat, à son poste de combat, doit servir la Patrie, sans s'inquiéter de la forme du gouvernement de son pays.

Sans autre préambule, j'entre de plein pied sur le terrain de la discussion.

Les faits relevés par la prévention sont indiscutables, je les reconnais constants. Oui, il est conforme à la vérité que les nommés Robert, Monnot, Roberjot, Seuille, Geoffre, Bazot, demoiselle Boussin ont distribué, colporté, vendu le *Progrès de Saône-et-Loire* sans autorisation préfectorale, que M. Landa, directeur de ce journal, s'est rendu complice du même fait : la question n'est pas là. Toute la question est de savoir si les prévenus n'avaient pas le droit de faire cette distribution, de se livrer à cette vente et à ce colportage, en d'autres termes, si l'art. 3 de la loi du 29 décembre 1875, sur la presse, n'abroge pas implicitement, en ce qui concerne la vente, la distribution, le colportage des *journaux* sur la voie publique, l'art. 6 de la loi du 27 juillet 1849.

Pour résoudre cette question, je consulterai, comme M. le procureur général, les travaux préparatoires de la loi.

Un des points, peut-être le plus intéressant de ces débats, est celui de savoir si dans ce mot *écrits* de l'art. 6 de la loi de 1849 il faut comprendre les journaux. J'ai lu, avec la plus scrupuleuse attention, la discussion qu'a soulevé cet article au sein de l'Assemblée législative. Dans cette discussion, à laquelle ont pris part MM. Pascal Duprat, d'Ariste, de Montigny, je ne me suis pas aperçu une seule fois que ces orateurs aient fait allusion à l'autorisation préfectorale nécessaire pour le colportage des *journaux* sur la voie publique. Ils savaient probablement que la police du colportage des journaux était réglementée par la loi de 1834 sur les crieurs publics, et ils jugeaient que cette loi donnait à la sécurité publique toutes les garanties désirables.

Les imprimés qu'a visés le législateur, dans l'art. 6 de la loi de 1849, sont les livres, les brochures socialistes qui alors inondaient les campagnes.

M. Pascal Duprat dit, en effet :

« Je ne blâme pas, j'approuve, au contraire, et le gouvernement et les membres de la commission, d'avoir cherché à soumettre à certaines règles, à certaines formalités, à certaines prescriptions légales la distribution et la propagation *des livres*. Cette diffusion *d'écrits* mérite toute l'attention des pouvoirs publics. »

Vous constatez, messieurs, ce rapprochement que fait M. Pascal Duprat entre les livres et les écrits ; par ce mot *écrits*, l'orateur entendait les livres. Et plus loin, il ajoutait : « Je veux sauver avec vous contre l'envahissement de doctrines déplorables qui menacent non-seulement la République, mais la société elle-même, l'âme et l'intelligence de ces populations agricoles qui sont la force et l'espérance de la patrie. Je veux les sauver avec vous ; mais je ne veux pas, en même temps, immoler le droit, je ne veux pas, en même temps, immoler ce principe de la liberté de l'industrie, qui est la base même de toutes nos lois économiques, et qui a triomphé, il y a cinquante ans, dans notre première révolution ; je ne veux pas en même temps, je ne veux pas surtout immoler le principe de la liberté de la pensée, qui est le fondement le plus sûr et le plus solide de notre République. »

Il n'était donc pas dans la pensée de M. Pascal Duprat d'entourer d'entraves le colportage des journaux sur la voie publique, il ne parle pas de ce colportage. Il vise surtout les livres, les brochures qui préconisaient les doctrines du communisme, du fouriérisme et les autres utopies dont les générations suivantes ont eu l'intelligence de faire justice. Si le législateur de 1849 avait voulu imposer aux colporteurs de journaux l'autorisation préalable, il aurait signalé cette mesure restrictive de la liberté de la presse dans le chapitre II de la loi de 1849, qui est tout entier relatif aux journaux ; il ne l'a pas fait.

Remarquons, en outre, la place du mot *écrits* dans l'art. 6 de la loi du 27 juillet 1849. Il se trouve entre les mots *livres* d'un côté et *brochures* de l'autre. Qu'est-ce qu'une brochure politique ? C'est un imprimé traitant de matières politiques et contenant six feuilles ou dix feuilles d'impression ; maintenant, tout le monde sait ce qu'il faut entendre par livre. Eh bien ! l'écrit est un imprimé intermédiaire entre le livre et la brochure, et c'est pour cela que dans le texte de la loi le terme *écrits* est enclavé entre le mot *livres* et le mot *brochures*. C'est le colportage de cette sorte d'*écrit*, qui n'est ni un livre ni une brochure, que le législateur a voulu soumettre au régime de l'autorisation préalable.

Dans tous les cas, les Cours d'appels, dans plusieurs arrêts, ont assimilé les journaux et les écrits. Mais, — et c'est là le point le plus important de cette discussion, — *c'est précisément contre cette jurisprudence, contre cette interprétation abusive du mot* ÉCRIT, *que les députés qui ont soutenu l'amendement Janzé, que M. de Janzé lui-même, ont voulu réagir.*

M. Albert Grévy, le rapporteur de la loi, dit en termes formels :

« Si ce droit d'interdiction de vente d'un journal sur la voie publique vous appartient, à coup sûr, ce ne peut pas être en vertu de l'art. 6 de la loi du 27 juillet 1849. »

Et le passage suivant tiré du discours de l'honorable M. de Janzé est encore plus précis :

« L'administration, dit-il, par une interprétation illégale et un usage vraiment abusif de l'art. 6 de la loi du 27 juillet 1849, a rendu possible la continuation de pareils abus à ceux que vous a indiqués la commission. »

La commission avait signalé que la jurisprudence avait étendu l'autorisation préfectorale à la distribution de simples bulletins électoraux, à celle de journaux, accomplie au domicile des abonnés par les employés de l'éditeur du journal, à la distribution faite dans une assemblée d'actionnaires par un associé à son coassocié d'un état représentant la situation financière de la société...

« En effet, Messieurs, continue M. de Janzé, comment en est on arrivé où l'on en est aujourd'hui ? Tous les orateurs qui ont pris part à la discussion de la loi du 27 juillet 1849, l'exposé des motifs de cette loi, *tout prouve parfaitement qu'il ne s'agissait pas des journaux dans l'art. 6, dont il est fait aujourd'hui un si étrange usage, etc.*

. . . .

C'est contre cette interprétation que nous avons voulu réagir. »

Ces paroles ne laissent aucune place au doute. Or, si c'est contre la jurisprudence qui assimilait les écrits et les journaux que les auteurs de l'art. 3 de la loi de 1875 ont entendu réagir, à partir de la promulgation de cet article, le mot *écrits* de l'article 6 de la loi du 27 juillet 1849 *n'a plus compris les journaux*, et dès lors, comme c'est dans cette disposition de la loi de 1849 que les préfets prétendaient puiser le droit d'autoriser le colportage des journaux sur la voie publique ou de ne pas l'autoriser, ou de retirer les brevets aux colporteurs, ce droit leur échappe aujourd'hui, car aucun autre texte de loi ne le leur attribue. Aussi, les prévenus qui ont colporté le *Progrès de Saône-et-Loire*, sans autorisation préfectorale, n'ont pu commettre un délit, car sous l'empire de la législation nouvelle, ils n'avaient plus à demander cette autorisation. Le délit disparaissant, la complicité de ce délit disparaît également et l'article 2 de la loi du 29 décembre 1875 s'appliquera seulement au complice du délit de colportage sans autorisation des écrits, dans le sens d'imprimés intermédiaires entre les brochures et les livres, de dessins, de lithographies, etc., mais non au délit de colportage de *journaux* sur la voie publique, puisqu'il n'existe plus. Ce raisonnement est la logique même.

Et, Messieurs, plus j'examine cet ordre d'idées, plus je vois que je suis au milieu de la vérité.

Il me semble que l'éminent garde des sceaux, M. Dufaure, a songé, dans plusieurs de ses circulaires à MM. les procureurs généraux, que M. de Janzé ayant voulu réagir contre la jurisprudence qui comprenait les journaux dans les *écrits*, — le droit de donner ou de retirer les autorisations de colportage des journaux ne doit plus appartenir aux préfets.

M. Dufaure, dans ses circulaires, paraît abonder dans le sens de M. de Janzé.

Au cours de la discussion de la dernière loi sur la presse, répondant à M. Berthault, il s'exprima ainsi, relativement à l'article 2 de la loi du 29 décembre 1875 :

« Vous savez, Messieurs, quel est le texte de l'art. 2 en discussion :

« Quiconque se sera rendu complice par l'un des moyens énoncés dans l'art. 60 du Code pénal d'une infraction prévue par l'art. 6 de la loi du 7 juillet 1849, sera puni de la peine portée en cet article. »

« Lorsque j'ai eu l'honneur d'être appelé par M. le maréchal de Mac-Mahon à remplir les fonctions de ministre de la justice, j'ai cru devoir interroger les procureurs généraux sur différents points de la législation qui me paraissent intéresser la sécurité publique, et je demande la permission, quelque pénible qu'il soit de se citer soi-même, de lire à l'Assemblée les questions que je leur adressais relativemeut au colportage. Je leur disais :

« Un déluge inaccoutumé de photographies, de dessins, d'emblêmes et de *petits écrits* — (remarquez cette expression, Messieurs, elle est topique) — dans lesquels la vérité historique n'est pas moins offensée que la vérité et le bon sens, s'est depuis quelques années étendu sur notre pays ; vous aurez vu si ce vaste colportage était autorisé, et lorsqu'il ne l'était pas, vous aurez pris contre lui des mesures que vous m'indiquerez.

« Vous aurez gémi en livrant à la justice des agents très-subalternes, qui n'avaient pas la conscience du mal qu'ils faisaient, tandis que ceux qui les mettaient en œuvre, qui leur fournissaient par milliers les instruments de leur délit échappaient, à défaut de loi pénale, à toute responsabilité ; cette loi qui manque doit être faite, vous me donnerez votre opinion sur la forme précise qu'elle doit recevoir. »

M. le garde des sceaux, dans sa circulaire, avait surtout en vue les *petits écrits* bonapartistes qui, comme en 1849 les écrits socialistes, étaient surtout distribués dans les campagnes ; mais il n'a pas eu le moins du monde dans la pensée la complicité du délit de colportage de journaux sans autorisation.

Si vous me dites que cette circulaire est antérieure à l'article 3 de la loi de 1875, et que, par suite, M. Dufaure ne pouvait pas prévoir les conséquences de l'adoption de ce texte par l'Assemblée nationale, je vous réponds en vous opposant une autre circulaire, cette fois postérieure à la loi : c'est celle que le même ministre de la justice a envoyée à MM. les procureurs généraux, le 7 janvier dernier. Voici ce que nous y lisons :

« La disposition de l'article 2 n'aura pas, du reste, pour effet
« d'étendre la responsabilité de colportage illicite à tous ceux qui
« auraient concouru à la publication de l'*écrit*, etc...

« .Mais les auteurs qui se sont bornés à livrer leurs *écrits* à la
« publicité, etc... »

Comment ! Voilà M. Dufaure qui avait été si affirmatif en 1849, quand, ministre de l'intérieur, il avait dit catégoriquement aux préfets qu'il fallait comprendre les journaux dans les écrits, voilà M. Dufaure qui, après la promulgation de la dernière loi sur la presse, alors qu'il sait que la question est plus que jamais à l'ordre du jour, qu'elle est devenue la préoccupation constante de la presse tout entière, voilà M. Dufaure qui ne dit pas de nouveau qu'il faut assimiler les journaux et les écrits. Il reste, au contraire, dans le vague, dans l'incertitude, il use encore du terme générique : écrit. Ah ! voyez-vous, c'est qu'il a pensé que le mot *écrit* de l'art. 6 de la loi de 1849 a cessé de signifier *journal* ; il a pensé que, dès lors, puisqu'il est impossible aux préfets d'invoquer un texte de loi qui puisse servir de fondement au droit dont ils ont, grâce à M. Buffet, jusqu'à ce jour été investis, l'autorisation n'est plus nécessaire pour vendre les journaux sur la voie publique, et que l'art. 6 de la loi du 27 juillet 1849, en ce qu'il a de relatif au colportage des journaux, est véritablement abrogé par l'art. 3 de la loi du 29 décembre 1875.

Mais, Messieurs, un autre argument, bien plus puissant encore, milite en faveur de l'abrogation, c'est l'argument tiré des paroles de M. Albert Desjardins, alors sous-secrétaire d'Etat au ministère de l'intérieur. M. Desjardins, qui soutenait la politique de M. Buffet, prévoyait bien que l'adoption de l'amendement Janzé aurait pour conséquence immédiate la suppression, pour les préfets, de leurs droits relatifs à la police du colportage des journaux sur la voie publique. Il le prévoyait bien quand il disait :

« Il y a un droit commun établi par l'art. 6 de la loi de 1849, droit commun dont le principe est que le colportage doit être autorisé par l'administration préfectorale. Ce droit commun est-il applicable aux journaux ? c'est incontestable ; ce droit commun est une arme, mais c'est une arme confiée à l'administration dans un intérêt supérieur et général d'ordre public et de morale, *l'Assemblée ne voudra pas la lui enlever.* » Conséquence : si l'amendement Janzé ainsi combattu, amendement qui a pour but d'arracher cette arme des mains du préfet, comme le dit M. Desjardins, devient disposition de loi, le préfet, assurément, ne devra plus avoir de droit sur le colportage des journaux.

La vérité est là, elle crève les yeux de tous ; le jugement de Chalon l'a reproduite dans un considérant qui est la raison même, et contre lequel sont venus se briser tous les efforts du ministère public.

Voici ce considérant si important qui résume avec tant de force les développements que je viens d'avoir l'honneur d'exposer par-devant vous :

« Attendu que, lors de la discussion de l'art. 3 de la loi du 29 décembre 1875, introduit par voie d'amendement, il a été question de l'interprétation donnée à l'art. 6 de la loi de 1849, et qu'il est clair que l'intention de l'auteur de cet amendement et de ceux qui l'ont soutenu, a été de réagir contre l'assimilation que l'on avait faite entre les *journaux* et les *écrits* proprement dits, que c'est même la cause de la vivacité avec laquelle on soutenait d'une part l'amendement et qu'on le combattait d'un autre côté, notamment les ministres qui virent bien les conséquences que produirait son application .. »

Selon nous, les préfets ne peuvent donc plus revendiquer le droit d'accorder des autorisations aux colporteurs de journaux ou de les retirer. C'est l'art. 3 de la loi du 29 décembre 1875 qui leur enlève cette attribution, et qui, modifiant le sens du mot *écrits*, jusqu'alors adopté par la jurisprudence après la circulaire de 1849, entraîne, sous ce rapport, l'abrogation de l'art. 6 de la loi du 27 juillet 1849, pour ce qui concerne la vente, la distribution, le colportage des journaux sur la voie publique.

Quelle est, selon le ministère public, la portée de l'art. 3 de la loi du 29 décembre 1875 ? La voici : à Dijon, par exemple, trois journaux politiques se publient : le *Bien public*, la *Côte-d'Or*, le *Progrès de la Côte-d'Or*. Le ministère public dit : « Avant la promulgation de la dernière loi sur la presse, l'autorité administrative pouvait, par mesure particulière, interdire sur la voie publique la vente du *Progrès*, journal déterminé ; maintenant elle ne le peut plus, et le tribunal de Mâcon formule ainsi ce raisonnement :

« Attendu que l'art. 3 de la loi du 29 décembre 1875 a eu pour objet d'enlever à l'autorité administrative la faculté d'interdire la vente ou la distribution sur la voie publique comme mesure particulière contre un journal déterminé, mais nullement d'abroger d'une façon absolue la législation antérieure relative au colportage des journaux, etc. »

Il s'agit donc de savoir si, malgré les termes précis de l'art. 3 de la loi de 1875, l'autorité administrative conserve encore cette faculté.

Un arrêt de la cour d'Aix, du 18 mars dernier, vient, au dire de mon contradicteur, corroborer la thèse qu'il a soutenue. Cet arrêt dit, en effet, que la loi du 27 juillet 1849, a été *non abrogée*, mais *modifiée* par la loi de 1875-1876, etc. ; cependant, à mon avis, cette décision judiciaire n'est pas aussi favorable au ministère public que l'honorable magistrat qui en est l'organe veut bien le prétendre.

D'abord, je vous ferai remarquer, Messieurs, qu'à Aix, nous raisonnons dans l'hypothèse de l'état de siége. Dans un département soumis à ce régime, les pouvoirs de l'autorité militaire vis-à-vis de la presse sont supérieurs à ceux de l'autorité civile. La marchande de Marseille qui vendait la feuille de *Jean-Pierre-André* interdite sur la voie publique était, il est vrai, nantie de l'autorisation préfectorale, mais non de l'autorisation du commandant de l'état de siége, et, en allant au fond des choses, on s'aperçoit que MM. les conseillers de la cour d'Aix ont acquitté, comme les juges de Chalon, une personne non autorisée.

L'arrêt d'Aix dit donc que l'art. 3 de la loi de 1875 a non abrogé, mais seulement modifié la législation antérieure sur le colportage des journaux.

Eh bien ! de deux choses l'une : ou cette modification que la Cour d'Aix se contente d'énoncer sèchement, sans ajouter aucun commentaire, existe réellement et constitue une véritable liberté pour la presse, et, dans ce cas, l'arrêt précité est marqué au coin de la vérité, — ou bien, cette modification n'en est pas une, laisse les choses en l'état, c'est-à-dire maintient à l'autorité administrative, indirectement peut-être, mais, dans tous les cas, maintient le droit d'interdire sur la voie publique un journal déterminé, et alors la Cour d'Aix s'est trompée.

Cette modification ne change-t-elle en rien la législation antérieure sur la presse, et les préfets conservent-ils toujours le droit de priver un journal déterminé de la vente sur la voie publique? C'est ce que nous allons examiner.

Sous l'empire de la législation de 1849, alors que la vente d'un journal sur la voie publique était, par suite de l'interprétation abusive du mot *écrit* par la jurisprudence, un acte gracieux de la part de l'administration, une concession et non un *droit*, comme nous le soutenons aujourd'hui, et avec nous, le tribunal de Chalon, il était permis au préfet d'interdire de trois manières différentes la vente d'un journal sur la voie publique. Il pouvait :

1° Rayer le journal du catalogue ou retirer à celui-ci l'estampille en cas d'autorisation expresse (Circulaire du Ministre de l'intérieur des 6 septembre 1849, 11 septembre 1832, 12 mai 1874, et circulaire du ministre de la police du 28 juillet 1852.);

2° Interdire nominativement la vente du journal en cas d'autorisation tacite (Circulaire du Ministre de l'intérieur du 6 septembre 1849.);

3° Enfin, retirer le brevet aux colporteurs *(Ibid.)*.

Toutes ces mesures prises isolément aboutissent chacune au même résultat : l'interdiction de vente d'un journal déterminé sur la voie publique. Pour que l'article 3 de la loi de 1875 produise son plein et entier effet, il faut que ces trois mesures soient abrogées ; ceci est important : si vous en laissez subsister une seule, si vous dites, par exemple, que l'article 3 de la loi de 1875 a abrogé soit la suppression du journal sur le catalogue, soit l'interdiction nominative de vente sur la voie publique, mais non la faculté pour l'autorité administrative de retirer le brevet aux colporteurs, l'amendement de M. de Janzé est une disposition qui, dans notre législation, représente le néant juridique ; elle n'a aucun sens, car, par le moyen détourné qui consiste dans le fait de retirer les brevets, le préfet interdit, sur la voie publique, la vente d'un journal déterminé, précisément ce que ne veut pas l'amendement.

Un exemple va vous faire mieux saisir cette vérité que tous les commentaires possibles.

C'est l'exemple du *Progrès de Saône-et-Loire*. Le *Progrès de Saône-et-Loire*, à la veille des élections législatives, publiait une lettre d'Erkmann-Chatrian, adressée aux paysans de France, lettre que je n'ai pas à apprécier dans cette enceinte. Elle déplut à M. Buffet; je ne critique pas, je constate. Un ordre émanant du ministère de l'intérieur enjoignit aux préfets de retirer les autorisations aux colporteurs des journaux qui publiaient cette lettre. On retira les autorisations. A Chalon, le *Progrès de Saône-et-Loire* n'a qu'un vendeur. Immédiatement, la vente sur la voie publique a été interdite au journal dans toute l'étendue de la ville de Chalon; il en a été de même dans toute l'étendue du département de Saône-et-Loire, et dans les autres départements dans lesquels d'autres feuilles avaient reproduit le même article. Eh bien! est-ce que l'amendement Janzé ne prohibe pas cette interdiction indirecte aussi bien que l'interdiction directe? Est-ce qu'on peut, comme j'ai déjà eu l'honneur de le dire au tribunal de Chalon, donner d'une main et retenir de l'autre? Est-ce qu'on peut vous accorder un droit et vous enlever, d'une façon détournée, les moyens de l'exercer? N'est-ce pas là de l'arbitraire, du pur arbitraire? Est ce que l'arbitraire ne grimace pas à côté de la Justice? Vous ne voudrez pas, Messieurs, le légitimer par un arrêt. J'en ai la certitude.

Pour que cet arbitraire n'existe pas, pour que l'interdiction d'un journal sur la voie publique ne soit pas la conséquence du retrait du brevet de colporteur, que faudrait-il? Il faudrait que le brevet, une fois concédé, ne pût être retiré, en d'autres termes, que les brevets fussent viagers. Mais, est-ce que cela est possible? Est-ce que le droit d'autoriser n'emporte pas le droit de retirer l'autorisation?...

Votre principal argument contre l'abrogation de l'article 6, vous le tirez des paroles de M. de Janzé à la fin de son discours. M. de Janzé laisse à l'administration la liberté *de prendre des mesures générales* et, s'il y a danger public, de retirer les autorisations aux colporteurs. Cependant, elle ne peut pas dire à tel ou tel vendeur de journaux : « Vous vendrez les journaux, excepté tels ou tels. » Exemple : voici un distributeur autorisé qui vend trois journaux, le *XIXᵉ Siècle*, le *Temps*, la *République française*. Ce distributeur est le seul qui vende ces journaux dans une localité. L'administration, selon M. de Janzé, ne peut pas lui dire : « Vous ne vendrez plus la *République française*, mais vous continuerez toujours à colporter le *XIX° Siècle* et le *Temps*. » Mais si le préfet retire le brevet à ce malheureux colporteur, il ne frappe pas qu'un seul journal déterminé, il les frappe tous trois, *et cette interdiction dure jusqu'à ce qu'un nouveau distributeur soit agréé par l'autorité préfectorale*. M. de Janzé a-t-il réellement voulu un résultat aussi contraire à la portée de son amendement qui est, avant tout, favorable à la liberté ? Cela n'est pas possible.

M. de Janzé est donc en contradiction avec lui-même. On s'en aperçoit surtout lorsque l'on compare les paroles de la fin de son discours avec celles qu'il a prononcées au commencement de ce même discours, quand il a voulu réagir contre la jurisprudence qui comprenait les journaux dans le mot *écrits* de l'article 6 de la loi du 27 juillet 1849. Vous ferez cesser, Messieurs, cette contradiction. Lorsqu'une clause est susceptible de deux sens, on doit plutôt l'entendre dans celui avec lequel elle peut avoir quelque effet, que dans le sens avec lequel elle n'en pourrait produire aucun. Cette règle de l'interprétation des conventions est applicable en toute matière. Eh bien ! il est certain que si l'article 3 était interprété dans le sens qu'indique le ministère public, cet article n'aurait aucune portée, car la portée qu'il pourrait avoir pourrait être annihilée à l'aide de certains détours.

D'ailleurs, de quel texte de loi résulte, pour l'administration centrale, la faculté de prendre vis-à-vis de la presse des mesures générales de compression, c'est-à-dire, dans l'espèce, de supprimer, en retirant les brevets des colporteurs, toute la presse d'un département et même du pays tout entier. M. le Procureur général n'a pas lu ce texte. Cette faculté, selon lui, peut s'induire de ces paroles de M. de Janzé : « Nous laissons l'administration parfaitement libre de prendre des mesures générales. » Comment ! Messieurs, un droit aussi exorbitant, le droit d'étouffer, d'une façon aussi radicale, la voix de l'opinion publique, n'est pas donné au gouvernement par une loi positive, formelle, précise, ce droit résulte des paroles d'un simple député ou d'une circulaire ministérielle interprétative d'une de nos nombreuses lois de presse, remarquables surtout par leur obscurité... Permettez-moi, Messieurs, de protester contre un pareil abus de pouvoir et de croire que vous ne le sanctionnerez pas.

M. le procureur général m'oppose enfin un dernier argument contre l'abrogation de l'article 6 de la loi de 1849 ; il me dit : « Mais si le législateur avait voulu dispenser de l'autorisation préfectorale la profession de colporteur de journaux, il l'aurait formellement exprimé, comme il l'a exprimé dans l'article 3 de la loi organique du 30 novembre 1875, à propos des circulaires et professions de foi qui, pendant la période électorale, peuvent être vendues, sans autorisation préalable. » Je ne veux répondre que par une seule considération. Il n'est pas étonnant que le législateur n'ait pas formulé plus nettement sa pensée, car, peut-être malgré lui, il n'a pas étudié avec tout le soin nécessaire, lors de la discussion de la dernière loi sur la presse, les amendements qu'on lui présentait. L'Assemblée nationale alors était sur le point de terminer sa dernière session. Elle voulait se retirer le 31 décembre 1875 ; il lui était impossible, au milieu de l'agitation qui précédait son départ, de discuter mûrement les lois qu'elle votait. Son souci principal n'était pas de discuter, mais d'émettre des votes. Dans cette situation, vous avouerez facilement qu'il n'est pas surprenant que, pour le cas spécial qui nous concerne, le législateur n'ait pas complété sa pensée au sujet du colportage des journaux sur la voie publique.

Nous en avons fini avec la discussion et nous n'avons plus qu'à nous occuper, au point de vue de la police du colportage, des conséquences de l'abrogation de l'article 6 de la loi du 27 juillet 1849.

Quelle est l'autorité qui fera, sur la voie publique, la police des journaux et des colporteurs ? Assurément, c'est celle qui, dans nos cités, fait la police des rues, des places et des marchés, c'est-à-dire l'autorité municipale. C'est elle qui, en vertu de son droit de police, doit empêcher le désordre apporté dans la rue par les crieurs publics. Elle conserve, sous ce rapport, la plénitude de ses attributions de voirie. Personne, à coup sûr, ne songe à enlever au maire ses pouvoirs relatifs à la sûreté et à la commodité de la voie publique. Mais la difficulté se produit au point de vue de la concession de l'autorisation que le maire peut, en vertu de la loi du 16 février 1834, accorder ou refuser aux colporteurs, et nous examinerons tout-à-l'heure si cette loi est aussi abrogée par l'article 3 de la loi de 1875.

M. le procureur général prétend que la société a surtout besoin d'exiger des garanties de moralité de la part des colporteurs de journaux, et, à ce propos, il dit que l'ordre sera mis en péril par ces individus qui seront des gens tarés.

Je lui objecte que les véritables garanties pour la sécurité publique ne doivent pas se trouver dans la moralité du colporteur, mais surtout et seulement dans la moralité de l'écrit colporté. Lorsque vous achetez un journal, vous connaissez à l'avance son prix, sa couleur politique, peu vous importe, à coup sûr, qu'il vous soit vendu par Pierre, par Paul ou par Jean. Les garanties ne sont donc pas dans la surveillance de la *personne* par l'autorité, mais surtout dans celle de la *chose*. Sous ce rapport, la société a pris toutes ses mesures. C'est, en effet, par le dépôt au parquet que les écarts de la presse peuvent être réprimés. C'est le contrôle de la justice qui remplacera aussi l'estampillage des brochures non estampillées publiées par les feuilles périodiques. Ainsi les dangers que fera courir à l'ordre social la suppression des entraves entourant aujourd'hui le colportage des journaux, dangers que ne peut envisager, sans effroi, M. le procureur général, sont donc purement imaginaires. M. le procureur général peut être rassuré, les brochures non estampillées reproduites par les journaux, étant de simples articles, seront, en même temps que tout le contenu de la publication, examinées chaque jour, comme aujourd'hui, du reste, par les magistrats du parquet. M. le procureur de la République, procédant en cas de flagrant délit, peut saisir le journal, et, de la sorte, en empêcher la vente et la distribution. Le tribunal de Chalon trouve, dans le dépôt au parquet, toutes les garanties désirables :

« Attendu, dit-il, que la disposition de l'article 3, *qui ne parle que des journaux*, a eu évidemment pour but de les affranchir de cette surveillance de détail (l'autorisation préfectorale), ayant paru inutile pour eux, *qui doivent être déposés au parquet* avant toute distribution, formalité qui assure la répression des écarts qu'on pourrait commettre par leur publication, etc. »

Le tribunal de Chalon n'a pas signalé toutes les garanties contre les excès de la presse ; il en existe d'autres, telles sont : 1° le cautionnement ; 2° la responsabilité du gérant ; 3° la suppression du journal, résultat d'une condamnation du gérant pour crime commis par la voie de la presse ; 4° enfin, la suspension du journal, qui peut être prononcée pour une durée de six mois, par application de l'article 11 de la loi du 11 mai 1868.

Ces garanties ne suffisent-elles pas ? Est-il donc si nécessaire que la presse soit soumise constamment à un régime de législation draconienne ?

Les colporteurs seront donc dispensés de demander une autorisation préalable aux préfets. Maintenant, seront-ils davantage obligés de la demander à l'autorité municipale ?

Une sérieuse objection se présente. Le maire, me dit-on ou peut-on me dire, en accordant les autorisations de colportage de journaux, au lieu de considérer seulement le bon ordre de la cité, la tranquillité publique, ne pourrait-il pas refuser ces autorisations aux colporteurs de certains journaux qui ne préconiseraient pas les doctrines de son parti, et ne les donner qu'aux colporteurs des feuilles qui ont ses sympathies ? Ne serait-ce pas, en un mot, substituer, en cette matière, l'arbitraire du maire à l'arbitraire du préfet ?

L'objection est tellement grave, Messieurs, que je la crois irréfutable. L'arbitraire du maire, il est vrai, serait moins dangereux que l'arbitraire du préfet, par la raison que l'autorité du maire est bien moins étendue que celle du préfet ; mais, néanmoins, ce serait de l'arbitraire, et partout où il peut se produire, le législateur, et s'il ne l'a pas fait, les magistrats chargés d'interpréter la loi, doivent l'anéantir.

Si nous laissions, en effet, au maire, le droit d'autoriser et de refuser des permissions de colporter les journaux, l'arbitraire subsisterait.— C'est par arrêté individuel que ce magistrat municipal peut autoriser le colporteur de journaux à exercer sa profession. Si, une fois accordée, il la retire, c'est par arrêté individuel qu'il doit le faire. Qui est juge de la validité ou de la non-validité de l'arrêté ? C'est le Préfet, précisément l'agent auquel l'article 3 de la loi de 1875 refuse tout droit en cette matière. Car, dans le cas particulier, de deux choses l'une : ou le préfet supprimera l'arrêté individuel, et alors il sera fait justice au colporteur, ou il maintiendra l'arrêté, et alors, approuvant aussi la conduite passionnée du maire, il confirmera l'interdiction de vente sur la voie publique qui aura été prononcée, mesure que ne permet pas la dernière loi sur la presse.

Ainsi, je crois que l'article 3 de la loi du 29 décembre 1875 abroge et l'article 6 de la loi de 1849 et la loi de 1834 sur les crieurs publics. Du reste, comme l'a dit M. le procureur général, cette expression, *autorité administrative*, de l'article 3, doit comprendre et l'autorité *préfectorale* et l'autorité *municipale*.

Nous voilà revenus, pour la police du colportage, à la loi de 1830 sur les crieurs publics, loi *dont l'article 2 seul a été abrogé par la loi de 1834*.

Vous le voyez donc, Messieurs, l'article 3 de la loi du 29 décembre 1875 est avant tout une disposition de liberté. Qu'on le veuille ou qu'on ne le veuille pas, qu'on le déplore ou qu'on s'en réjouisse, il faut accepter la liberté, surtout quand elle est écrite dans la loi.

M. Serrigny décrit dans les lignes suivantes de son traité de droit public la législation de 1830 qui regarde plus spécialement notre sujet.

« La loi du 10 décembre 1830, art. 3, établit, quand à l'exercice

« du criage, deux catégories des écrits ou imprimés qui sont criés
« dans les rues, places et autres lieux publics. La première com-
« prend ceux qui peuvent être criés sans déclaration préalable faite
« à l'autorité : ce sont les journaux, feuilles quoditiennes ou pério-
« diques, les jugements et autres actes d'une autorité constituée.
« Dans la seconde se trouvent tous les autres écrits imprimés,
« lithographiés ou gravés à la main. Les premiers ne sont soumis
« qu'à la seule condition de ne pouvoir être annoncés autrement
« que par leur titre (article 3). Cette disposition, empruntée à la
« loi du 5 nivôse an V, a pour but d'éviter les épithètes hyperbo-
« liques qu'ajoutaient souvent les crieurs au titre de leurs annonces,
« afin d'attirer l'attention du public. Notre première révolution a
« présenté des abus remarquables de ce genre de charlatanisme, à
« l'occasion du criage du *Père Duchêne* et autres journaux de même
« sorte. Les actes de la seconde catégorie ne peuvent être criés sur
« la voie publique qu'après que le crieur ou distributeur a fait
« connaître à l'autorité municipale le titre sous lequel il veut les
« annoncer, et qu'après avoir remis à cette autorité un exemplaire
« de ces écrits.

« Voici la raison de cette distinction : *Pour les actes compris dans*
« *la première classe, la société a pris ses garanties d'avance ; ainsi*
« *les journaux ou feuilles périodiques sont assujettis au dépôt préa-*
« *lable, outre le cautionnement établi sur ceux qui s'occupent des*
« *matières politiques ;* les jugements et actes d'une autorité tirent
« leur garantie du caractère des agents dont ils émanent. A l'égard
« des actes compris dans la deuxième classe, le législateur a voulu
« appeler la surveillance sur ceux qui sont criés dans les lieux
« publics, en exigeant une déclaration et un dépôt entre les mains
« de l'autorité municipale, analogues à la déclaration et au dépôt
« prescrit pour les journaux. » (Serrigny, traité de droit public,
dispositions exceptionnelles en matière de liberté de la presse,
tome II, ch. VIII, section III, page 303).

Ainsi, voici la législation qui doit réglementer, désormais, la
police de la vente des journaux sur la voie publique. Aujourd'hui,
les colporteurs de livres, écrits, brochures et imprimés, autres que
les journaux, doivent se munir encore, pour pouvoir exercer leur
profession, de l'autorisation préfectorale. Les colporteurs de journaux
peuvent seuls vendre sans autorisation, parce que les journaux four-
nissent le cautionnement, le dépôt au parquet, etc.; des garanties suffisantes pour l'ordre public. Seulement, il est défendu de les
appeler autrement que par leur titre.

A l'avenir, tout le monde pourra distribuer, colporter, vendre des
journaux sur la voie publique. Comme le disait, dans un procès
analogue à celui-ci, un de mes honorables confrères du barreau de

Nancy, Me Lallement : « l'éditeur d'un journal peut aujourd'hui confier à un de ses employés un ballot de journaux, et lui dire : allez le vendre. Il eût commis un délit avant le 29 décembre 1875 ; aujourd'hui il est protégé par la loi. Un porteur de journaux est assimilable à une machine dont use le propriétaire du journal pour répandre les exemplaires de sa feuille ; il n'appartient plus aux préfets, et j'ajouterais, aux maires, de permettre ou d'enrayer ce fonctionnement. »

Le colportage des journaux est donc aujourd'hui sous la haute protection de la magistrature.

C'est un pays qui peut compter encore sur un glorieux avenir que celui qui confie ainsi le soin de sa liberté la plus chère, la plus sacrée, celle de penser et d'écrire, non pas à *l'administration*, mais à la *Justice*. Ah ! voyez-vous, messieurs, c'est que la justice est l'honneur, la vérité même, c'est que la justice est la loi constante et perpétuelle sans laquelle les sociétés humaines ne pourraient subsister. Désormais donc, si vous infirmez le jugement de Mâcon et si vous confirmez celui de Chalon, plus d'arbitraire en matière de colportage de journaux sur la voie publique, mais de la justice, et seulement de la justice.

Devant nous, messieurs, s'ouvre pour la patrie une ère de paix, d'ordre, de progrès, de grandeur, de liberté, sous le symbole de la République. Au milieu de cette tranquilité profonde qui fait la joie de tous les bons citoyens, jetterez-vous une note discordante, en apportant des entraves à la liberté de la presse. « O Athéniens du XVIIIe siècle, disait à ses contemporains le rédacteur du *Vieux Cordelier*, le généreux Camille Desmoulins, ne comprendrez-vous jamais la nécessité de la liberté de la presse ? Quel est le gage le plus sûr de la liberté civile et politique ? C'est la liberté de la presse ; ensuite, quel en est le gage le plus sûr ? c'est encore la liberté de la presse ; et ensuite ? c'est toujours la liberté de la presse. » Oui, messieurs, c'est la liberté de la presse qui est le gage le plus sûr de la liberté civile et politique. C'est grâce à elle que les gouvernés peuvent contrôler sans cesse les actes de leurs gouvernants, et empêcher le despotisme. C'est elle, *surtout*, qui est la sauvegarde du droit des minorités. Amant passionné de toutes les libertés, aussi jaloux des libertés du parti de mes adversaires politiques que de celles du parti que je m'honore de servir, je viens vous demander un arrêt de liberté ; me le refuserez-vous ? Non, je ne puis le croire, et c'est plein de confiance dans votre impartiale justice que j'attends votre décision.

Cette plaidoirie fait justice de la subtilité à l'aide de laquelle les tribunaux de Bourg et de Mâcon avaient évité d'appliquer l'amendement Janzé ; il semble que MM. les conseillers ne pouvaient se refuser de rendre à cette disposition sa véritable portée, en adoptant, comme le tribunal de Chalon, les conclusions du défenseur ; M⁰ Hippolyte Druard, à notre avis, a suffisamment démontré, surtout en citant l'exemple du *Progrès de Saône-et-Loire*, que, par le fait seul du retrait de l'autorisation à son colporteur, ce journal s'est vu interdit sur la voie publique.

Eh bien, malgré toutes les excellentes raisons invoquées à l'appui d'une excellente cause, l'arrêt de la cour d'appel de Dijon, en date du 24 avril 1876, a confirmé le jugement de Mâcon.

III. — Arrêt de Dijon et critique de cette décision judiciaire.

Voici le texte de cet arrêt sur le point de droit :

« Considérant, en droit, que l'art. 6 de la loi du 27 juillet 1849, qui soumet tous distributeurs ou colporteurs de livres, écrits, brochures, gravures et lithographies à l'obligation de se pourvoir d'une autorisation préfectorale, et qui permet aux préfets de retirer les autorisations qu'ils auront délivrées, est générale *et comprend tous les écrits sans distinction;* qu'elle s'applique donc au colportage des journaux (*c'est contre cette interprétation que nous avons voulu réagir*, a dit M. de Janzé, l'arrêt se garde bien de faire allusion à cette objection capitale) ;

« Que la loi du 29 décembre 1875 n'a pas abrogé cette disposition en ce qui concerne les journaux ; qu'elle n'a eu pour effet, comme l'indique son texte, que d'en modifier la portée et d'en restreindre les conséquences ;

« Qu'il est à remarquer, en effet, qu'en vertu de la loi de 1849, l'autorité administrative était armée d'un double pouvoir en matière de colportage : d'une part, *du droit de refuser ou de retirer, d'une manière générale, l'autorisation de colporter; d'autre part, de la faculté de restreindre cette autorisation à certains écrits ou à certains journaux,* ou, ce qui revient au même, d'interdire, par une mesure particulière, la vente et la distribution d'un écrit ou d'un journal déterminé ; que c'est seulement cette faculté d'une interdiction particulière s'appliquant aux journaux qui a été enlevée aux préfets par l'art. 3 de la loi du 29 décembre 1875 ;

« Que les termes restrictifs dudit article ne peuvent laisser aucun doute à cet égard ; que si le législateur avait eu la volonté d'affranchir, d'une manière absolue, les distributeurs et colporteurs de journaux de la nécessité d'une autorisation, il l'aurait formellement exprimé ; — qu'en se bornant à prohiber l'interdiction de vente et de distribution sur la voie publique édictée par mesure particulière contre un journal déterminé, il est clair qu'il a entendu maintenir, à la condition qu'elles soient appliquées à tous les journaux indistinctement, les mesures générales de surveillance prescrites par la législation antérieure dans un intérêt de sécurité et de moralité publiques, notamment l'obligation pour les distributeurs et colporteurs d'être munis d'une autorisation administrative ;

« Qu'au surplus, cette interprétation tirée du texte de la loi de 1875, est conforme aux déclarations auxquelles a donné lieu la discussion de cette loi ; que le baron de Janzé, auteur de l'article additionnel qui est devenu l'article 3, disait, pour soutenir sa proposition et en fixer le sens : « Nous laissons l'administration libre de prendre des mesures générales ; s'il y a danger public, on retire l'autorisation au colporteur ; mais elle n'a pas le droit de dire à tel ou tel vendeur de journaux : vous vendrez les journaux, excepté tels ou tels. Voilà où est l'abus et l'extension illégale donnés à l'art. 6 de la loi de 1849. »

« Que, de son côté, le rapporteur de la commission s'exprimait ainsi : « La commission à laquelle vous avez renvoyé l'amendement de l'honorable M. de Janzé, adopte le principe de cet amendement. Seulement, elle a proposé à notre collègue une légère modification dans la rédaction, qui n'aurait, du reste, pour but que de mieux préciser sa propre pensée... ; l'amendement a été développé hier par son auteur. Si le gouvernement le repousse, s'il l'attaque, j'attendrai les critiques, et je me réserve d'y répondre au nom de la commission ; » — qu'il résulte de ces paroles que l'article additionnel de M. de Janzé a été accepté par la commission et définitivement adopté par l'Assemblée, avec la signification et la portée qui lui avaient été données, *d'une manière si nette et si explicite* (c'est assurément hasardé), par l'auteur lui-même de la proposition ;

« Qu'il faut donc reconnaître que la vente et la distribution de journaux sans autorisation demeurent prohibées en principe comme celles de tous autres écrits, confirme le jugement du tribunal de Mâcon, infirme celui du tribunal de Chalon-sur-Saône. »

Cet arrêt, qui n'aura aucune conséquence fâcheuse pour la liberté de la presse, car MM. les députés le réduiront à sa juste valeur par une nouvelle loi, ne fait, du reste, que reproduire les arguties découvertes par M. Buffet et développées par lui, dans la séance tenue par la commission de permanence, le 20 février 1876. Mᵉ Hippolyte Druard, dans sa plaidoirie, les a déjà critiquées et nous risquerions de nous répéter en les examinant à nouveau. Néanmoins, pour dissiper tous les doutes, nous relevons certains passages de cette décision judiciaire sur lesquels il est nécessaire de nous appesantir.

Nous lisons dans cet arrêt :

« Qu'il est à remarquer, en effet, *qu'en vertu de la loi de 1849*, l'autorité administrative était armée *d'un double pouvoir* en matière de colportage : d'une part, du droit de refuser ou de retirer, *d'une manière générale*, l'autorisation de colporter ; d'autre part, de *la faculté de restreindre cette autorisation à certains écrits ou à certains journaux*, ou, ce qui revient au même, d'interdire, par mesure particulière, la vente et la distribution d'un écrit ou d'un journal déterminé ; que c'est seulement cette faculté d'une interdiction particulière s'appliquant aux journaux qui a été enlevée aux préfets. »

Cette base de l'arrêt est assez fragile. Sur quel fondement repose une semblable distinction ? Jamais la loi du 27 juillet 1849 n'a indiqué, d'une façon positive, ce double pouvoir attribué à l'autorité administrative. Comment est conçu le paragraphe II de l'art. 6 ? de la manière suivante : « les autorisations pourront toujours être retirées par les autorités qui les auront délivrées. » C'est là une proposition qui ne peut pas se scinder. Etablir une différence entre le retrait d'autorisation par mesure générale et le retrait d'autorisation par mesure individuelle, c'est assurément fantaisiste ; maintenant, étayer sur une semblable distinction tout un système de doctrine consacré par un arrêt, c'est pécher, à coup sûr, par la base même du raisonnement.

Quelles sont les conséquences, pour l'autorité administrative, de la reconnaissance du droit de retirer, d'une manière générale, l'autorisation de colporter, *à la condition que les mesures générales soient appliquées à tous les journaux ?*... Mais, c'est lui permettre d'interdire la voie publique à la presse toute entière. M. Buffet, au moins, avait limité la faculté de retirer les autorisations de colporter. Il ne voulait frapper *et il ne frappait, en effet, qu'une catégorie de journaux*, que tels journaux, publiant tel écrit. *L'arrêt de Dijon va plus loin, il n'impose au pouvoir aucune limite.* Le pouvoir peut atteindre, s'il le juge opportun, tous les journaux indistinctement.

En bonne logique, il faut avouer qu'un droit aussi exorbitant accordé à l'administration ne doit pas résulter de l'interprétation d'une loi par la jurisprudence, mais d'un texte précis, formel. Croit-on qu'une disposition de loi aussi tyrannique que le considérant de l'arrêt de Dijon critiqué par nous aurait été voté, même par l'Assemblée nationale, élue le 8 février 1871 ? Il serait tout au moins téméraire de le supposer.

Mais, nous objecte-t-on, M. de Janzé a indiqué ces mesures générales. Il a dit que le gouvernement était libre de les prendre. Mais depuis quand la parole d'un député jetée au hasard, au milieu d'une discussion, depuis quand une semblable parole est-elle la loi ?... Nous estimons donc que, dans l'espèce, la jurisprudence a empiété sur le domaine législatif et commis un véritable abus de pouvoirs.

Du reste, si le préfet peut sévir contre les journaux, au moyen de mesures générales, en retirant les permis de colportage, à plus forte raison il peut procéder, par mesure particulière ou individuelle, *qui peut le plus peut le moins*. Sous ce rapport rien n'est changé ; la législation reste la même que par le passé.

Quelle valeur a, par suite, l'anéantissement du droit de restreindre l'autorisation à certains journaux, si le préfet conserve le droit de retirer cette autorisation à chaque colporteur qui, préalablement, en était nanti ? Mais ce dernier droit implique le premier. Si le préfet n'est pas dépossédé de la prérogative de retirer les permis de colporter, il garde *ipso facto* la faculté de restreindre l'autorisation de colportage à certains journaux déterminés ; l'arrêt de Dijon ne pourra pas empêcher cette conséquence que, cependant, il ne veut pas admettre, après la dernière loi sur la presse ; sur ce point, il ne présente aucune utilité. Nous retombons dans la même hypothèse que celle dont nous avons déjà parlé. Par exemple, deux journaux sont publiés dans une ville : si le Préfet, pour une raison quelconque, retire à l'*unique* vendeur de l'un de ces journaux le brevet qu'il lui avait accordé, il est incontestable que, dans cette ville, l'autorisation de colportage, de vente et de distribution sur la voie publique se trouve restreinte au journal dont le colporteur est épargné ; que le préfet interdit, de la sorte, par mesure particulière prise à l'égard d'un journal déterminé, la vente ou la distribution sur la voie publique, jusqu'au moment où il voudra de nouveau autoriser le colporteur frappé d'interdiction ou en agréer un autre.

L'arrêt de Dijon n'a donc aucune portée pratique puisque les préfets investis comme auparavant du pouvoir d'accorder ou de retirer des autorisations de colportage *conservent* encore *la faculté de restreindre l'autorisation de vente sur la voie publique à certains journaux.*

Il existe, dans l'arrêt, une autre inexactitude. Elle concerne l'interprétation du mot *écrits* de l'art. 6 de la loi du 27 juillet 1849. C'est un point capital dans cette discussion. L'arrêt tient pour certain que l'obligation pour les colporteurs de livres, écrits, de se pourvoir d'une autorisation préfectorale *est générale et comprend tous les écrits sans distinction, qu'elle s'applique donc au colportage de journaux.* Voilà une conséquence inadmissible. Avant le 29 décembre 1875, cela était vrai, car la jurisprudence pouvait invoquer deux arrêts qui s'étaient prononcés en faveur de cette interprétation (arrêt de la cour d'appel de Paris, 26 juin 1850, Lherminier, Dalloz, Recueil périodique, année 1852, 2° partie, page 433. — Arrêt de Montpellier, 7 mai 1850, Berlin, même Recueil, année 1850, 2° partie, page 84).

Mais, depuis la dernière loi sur la presse, il n'est pas exact de prétendre que les prescriptions de l'article 6 de la loi du 27 juillet 1849 s'appliquent aux colporteurs de journaux. Une telle prétention est extraordinaire, en présence de ces paroles formelles de M. de Janzé : « tout prouve parfaitement qu'il ne s'agissait pas des journaux dans l'article 6 de la loi du 27 juillet 1849, etc.... *C'est contre cette interprétation de l'article 6 que nous avons voulu réagir* » (Journal officiel du 28 décembre 1875, page 10849 ; — Voir le plaidoyer de M° Hippolyte Druard, page 27).

Ces paroles n'ont donc aucune signification ? les rédacteurs de l'arrêt de Dijon les ont passées sous silence, et, cependant, l'argument que la défense en a tiré est assez puissant pour lui faire, au moins, les honneurs d'une réponse. A notre avis, la réfutation de cet argument n'était pas possible, et si MM. les conseillers se sont tu sur ce point, c'est assurément parce qu'ils ne pouvaient pas agir autrement. Comparons, en effet, les paroles que nous venons de signaler à l'attention du lecteur avec celles qui ont été prononcées par M. de Janzé à la fin de son discours, et qui ont servi de fondement aux subtilités relevées dans l'arrêt de Dijon. Si l'on prend les premières pour base de notre argumentation, on arrive à la seule conséquence raisonnable, admissible, juridique : La suppression de la nécessité de l'autorisation préalable ; si, au contraire, ce sont les autres paroles qui servent d'appui à notre raisonnement, on arrive à attribuer une portée étrange à une disposition de loi qui peut être éludée à volonté par les préfets, comme nous l'avons surabondamment démontré. Il n'est pas admissible de penser que M. de Janzé ait voulu insérer un texte de loi qui, par suite de l'interprétation de la jurisprudence, n'a pas sa raison d'exister.

L'arrêt de Dijon, que l'autorité administrative peut maintenant invoquer pour couvrir l'arbitraire dont elle prétend user, ne peut donc supporter, comme on vient de le voir, une discussion sérieuse et approfondie. Il ne serait pas rationnel, par suite, que, ne favorisant pas la liberté de la presse, que réduisant au néant juridique l'amendement Janzé, proposé et voté dans l'intérêt de la liberté, cet arrêt passât en force de loi. Nos représentants le comprendront, et, nous n'en doutons pas, ils se hâteront d'en faire justice. C'est à eux seuls que nous adressons notre recours. *Le Progrès de Saône-et-Loire*, il est vrai, aurait pu se pourvoir contre l'arrêt que nous venons de critiquer ; mais ayant subi des pertes pécuniaires considérables, pendant sa suspension de vingt-deux mois, infligée par l'état de siége, il a reculé devant les frais énormes d'une instance en cassation. Son directeur-gérant a laissé passer les délais du pourvoi. Mais si, à l'heure présente, le droit de se pourvoir est éteint pour les parties intéressées, nous devons signaler qu'il appartient à M. le garde des sceaux ou à M. le procureur général près la cour de cassation, par application des articles 441 et 442 du Code d'instruction criminelle. L'ouverture de cassation, dans le cas qui nous occupe, c'est la violation de la loi portant sur le dispositif de l'arrêt et sur le texte de la loi : sur le dispositif, car il relate un droit qui n'est écrit nulle part dans la législation, et, en matière criminelle surtout, *nulla pœna sine lege* ; sur le texte, car il est aussi contraire au texte de l'article 3 de la loi du 29 décembre 1875 d'interdire la voie publique, en retirant à chaque journal déterminé l'autorisation de colportage, que de l'interdire d'une façon directe, en restreignant l'autorisation à certains journaux. Les conditions nécessaires à la cassation existent donc, et, pour l'honneur des principes et le respect de la loi, il serait du devoir des magistrats qui président à la sauvegarde des intérêts supérieurs de la justice, de déférer l'arrêt de Dijon à la censure de la cour suprême.

CHAPITRE III.

La Circulaire de M. Ricard sur le Colportage et la presse libérale.

En présence des poursuites dirigées par les parquets de Chalon et de Mâcon contre le *Progrès de Saône-et-Loire*, MM. Boysset et Margue, membres de la Chambre des députés, voulaient interpeller M. le ministre de l'intérieur. Lorsqu'ils l'avertirent de leur résolution, ils mirent sous ses yeux le jugement qui acquittait les colporteurs du *Progrès*. M. Ricard leur déclara qu'il approuvait la jurisprudence du tribunal de Chalon ; il les pria de retarder leur interpellation jusqu'à ce que les Cours d'appel aient tranché la difficulté. Sur ces entrefaites, la proposition Maigne, tendant à l'abrogation pure et simple de l'article 6 de la loi du 27 juillet 1849, fut déposée sur le bureau de la Chambre et renvoyée à la Commission d'initiative parlementaire. Nous venons d'apprendre avec plaisir que cette proposition est prise en considération, et que la Commission chargée de l'examiner est composée de MM. Tallon, Millaud, Jules Barni, Spuller, Constans, Margue, Pierre Legrand, Bardoux, Deschanel et Albert Grévy. Mais revenons à notre sujet : M. Ricard fit donc connaître à MM. les députés de Saône-et-Loire qu'il n'interprétait pas comme M. Buffet l'article 3 de la loi du 29 décembre 1875, et cependant, en apprenant l'arrêt de Dijon, qui a dû faire tressaillir d'aise son prédécesseur, il adressa à MM. les préfets la circulaire suivante. qui maintenait à l'autorité préfectorale le droit d'accorder et de retirer les permis de colportage :

Paris, le 5 mai 1876.

Monsieur le Préfet,

L'article 3 de la loi du 29 décembre 1875 en décidant que « l'interdiction de vente et de distribution sur la voie publique ne pourra plus être édictée par l'autorité administrative comme mesure particulière contre un journal déterminé », a eu évidemment pour but d'accorder à tous les journaux la vente sur la voie publique, en ne maintenant que les garanties générales établies, dans un intérêt de sécurité et de moralité publiques, par l'article 6 de la loi du 27 juillet 1849, *c'est-à-dire la nécessité pour le colporteur ou distributeur d'être muni d'une autorisation du préfet.* C'est la doctrine qui ressort des paroles mêmes de M. de Janzé dans la discussion de la loi, ainsi que de plusieurs arrêts rendus tout récemment par diverses Cours d'appel (Cour d'appel de Montpellier, arrêt du 4 avril 1876. — *Cour d'appel de Dijon,* arrêt du 24 avril 1876).

Mais les dispositions libérales introduites dans la législation et dans la pratique à ce sujet seraient, en grande partie, annihilées, si l'administration reprenait indirectement ce que la loi a concédé, et si, en entourant de toutes sortes de difficultés l'octroi des permissions de colporteurs, elle arrivait à ce résultat de rendre impossible la vente des journaux ou d'un journal sur la voie publique.

Il doit donc être bien entendu que tous les journaux peuvent être vendus et colportés sur la voie publique, à la seule condition que les vendeurs ou colporteurs soient munis d'une autorisation de colportage. Mais il doit être entendu aussi que vous ne refuserez ou ne retirerez jamais ces permissions que *pour des motifs sérieux,* et que jamais le fait de vendre ou d'avoir vendu tel ou tel journal ne pourra servir de raison ou de prétexte au refus ou au retrait de ces permissions. etc.

Le gouvernement a la ferme volonté, monsieur le préfet, de faire à la liberté des écrits, et particulièrement à celle des journaux, la part aussi large que possible. Il ne peut donc songer à restreindre ou à entraver, par des interprétations trop étroites de la loi, la circulation des journaux dans lesquels l'opinion publique trouve son expression multiple et quotidienne. Vous seconderez donc ces vues en vous inspirant non-seulement de la lettre, mais encore de l'esprit de cette circulaire et en facilitant, dans la mesure fixée par la loi, l'exercice d'une industrie qui ne saurait être tenue en suspicion par un gouvernement républicain.

Je vous prie de transmettre des instructions en conséquence à tous les fonctionnaires et gens placés sous vos ordres et de m'accuser réception de la présente circulaire.

Recevez, monsieur le préfet, l'assurance de ma considération très-distinguée.

Le Ministre de l'intérieur,

A. RICARD.

M. Ricard, en adressant cette circulaire aux préfets était, certainement, animé des intentions les plus libérales. Nous ne doutons pas, un seul instant, qu'en envoyant ces instructions, il ait cru faire beaucoup pour la liberté du colportage des journaux. Au point de vue des termes, cette circulaire est irréprochable ; mais, au fond, elle diffère peu des circulaires précédentes, sur la même matière, puisque la nécessité de l'autorisation préfectorale, pour les vendeurs de journaux, met toujours la presse à la discrétion de l'autorité administrative.

Quel droit reconnaît, en somme, la présente circulaire ? *le droit pour les colporteurs autorisés de vendre tous les journaux indistinctement.* Mais c'est là une concession illusoire avec le maintien de l'autorisation préalable. Les instructions ministérielles ont beau dire : « vous ne refuserez ou ne retirerez jamais ces permissions que pour des motifs sérieux, » elles ne peuvent certainement pas empêcher l'arbitraire ; comme auparavant, les préfets pourront apprécier ces motifs sérieux ; ils seront juges et parties, et juges sans appel ; ils continueront à frapper, par pur caprice, quand le journal leur déplaira, quand il attaquera des actes de mauvaise administration départementale ; sur un simple ordre, sur le moindre signe, sans aucun avertissement, les permis des colporteurs seront retirés, et, de cette façon, sera étouffée la voix de l'opinion publique. Ainsi, tant que le colportage des journaux ne sera pas dégagé de toute entrave, le règne du bon plaisir administratif sur tout ce qui touche la libre expansion des idées se produira, comme sous le second empire, comme aux plus mauvais jours de l'ordre moral.

Et cependant, tous les journaux républicains font de cette circulaire le plus éclatant éloge. Voici leurs appréciations :

La *République française* (n° du 7 mai 1876) :

« Cette circulaire, s'inspirant d'un certain nombre de décisions
« judiciaires récentes, met enfin en vigueur la loi du 29 décembre
« 1875, dont M. Buffet réussit, grâce aux plus insoutenables argu-
« ties, à éluder l'application pendant la période électorale. Ainsi
« que l'a voulu expressément le législateur, les distributeurs de
« journaux auront seulement besoin d'une autorisation personnelle
« et, munis de cette autorisation, ils pourront vendre tous les jour-
« naux sans distinction. Telle était la volonté nettement exprimée
« par la majorité de l'ancienne assemblée. M. Buffet n'en tint aucun
« compte ; il attendit seulement quelques jours que l'assemblée fût
« séparée, et, dès qu'il ne fut plus là pour répondre, il dit sans
« détour : vous êtes des benêts, vous croyez avoir fait quelque
« chose, mais j'ai eu réserve un système à l'abri duquel je prétends
« faire à ma guise comme devant.

« Cette impertinence que la dernière assemblée n'eût pu tolérer,
« devait avoir un terme ; la Chambre n'admettrait pas que l'on con-
« tinuât à fouler aux pieds une des rares lois libérales que lui ait
« léguées sa devancière. Nous devons de ce chef des félicitations à
« M. Ricard. »

Le *Siècle* (numéro du 7 mai 1876) :

« On se souvient de l'astuce avec laquelle M. Buffet détournant
« de son sens un article de loi, avait transformé en un nouveau
« moyen de compression pour la presse une loi destinée à lui rendre
« en partie sa liberté d'allures. Ces atteintes à l'honnêteté et à la
« justice vont être réparées ; désormais les journaux pourront cir-
« culer partout en liberté. »

Le *Temps* (même numéro) :

« La circulaire relative à la vente et au colportage des journaux
« forme un contraste avec les instructions de M. Buffet sur le même
« sujet. Celui-ci s'était appliqué avec un entêtement qui n'était pas
« exempt de mauvaise foi, à réduire à l'état de lettre morte la dispo-
« sition de la loi sur la presse qui avait pour but de mettre fin aux
« interdictions de vente sur la voie publique. M. le Ministre de
« l'intérieur restitue à la loi de 1875 sa véritable interprétation, il
« replace le droit de vente et de colportage sous les seules conditions
« légales que cette loi et celle de 1849 permettent de lui imposer,
« savoir l'autorisation personnelle du vendeur ou colporteur. »

C'est à regret que nous contredisons nos confrères ; mais, pour le respect dû à la vérité, nous sommes obligés de soutenir que, dans ces entre-filets, il existe des assertions erronées. Il est inexact de prétendre que la circulaire Ricard a *mis un terme* à la manière de procéder imaginée par M. Buffet pour tyranniser la presse, *que désormais les journaux pourront circuler partout en liberté*, et que la loi de 1875 ne pourra plus *être réduite à l'état de lettre morte*, car le Ministre de l'Intérieur *lui a restitué sa véritable interprétation.*

Les décisions judiciaires récentes, par cela seul qu'elles consacrent la légitimité de l'autorisation personnelle du vendeur de journaux, déclarent légal le procédé employé par l'ex-ministre de l'Intérieur. C'est d'ailleurs ce procédé que messieurs les Conseillers à la Cour d'appel de Dijon étaient appelés à apprécier ; ils l'ont proclamé légitime. Aujourd'hui donc, malgré la circulaire Ricard, les préfets peuvent agir, s'ils le veulent, d'une manière toute aussi incorrecte que le dernier ministre de l'ordre moral, et réduire à l'état de lettre morte la loi de décembre 1875. La mauvaise foi, nous le savons ne se présume pas ; mais sur le terrain politique, il faut toujours se tenir en garde, surtout en face des fonctionnaires de combat que nous connaissons depuis si longtemps et qui, par habitude, aiment à sévir contre la presse libérale.

M. Ricard a dit aux préfets qu'il ne fallait refuser ou retirer les autorisations *que pour des motifs sérieux*, et déjà, comme nous l'avons signalé au commencement de ce travail, le Préfet de Mâcon empêche la libre circulation du *Progrès de Saône-et-Loire*, en refusant, pour des motifs dérisoires, d'autoriser des vendeurs.

Nous sommes donc autorisés à prétendre que les journaux, précédemment cités, n'ont pas apprécié, avec exactitude, la situation nouvelle faite à la presse depuis la circulaire Ricard.

D'autres feuilles de la capitale, telles que l'*Opinion*, le *XIXe Siècle*, le *National*, font mieux ressortir la vérité lorsqu'elles tiennent ce langage :

L'*Opinion* (numéro du 7 mai 1876) :

« Il reste au ministère le devoir de veiller à ce que ses instruc-
« tions soient strictement observées dans le sens libéral où elles ont
« été données. Plusieurs préfets, il n'en faut pas douter, peu accou-
« tumés à recevoir de telles instructions, et que le ministère Buffet
« a stylés à d'autres pratiques, vont éprouver une certaine stupéfac-
« tion; ils auront bien de la peine à hisser leur libéralisme à la hau-
« teur de celui du ministre. Ils trouveront plus d'un faux-fuyant
« pour éluder les ordres ministériels. »

Le *XIXe Siècle* (même numéro) :

« La circulaire de l'honorable ministre de l'intérieur ne laisse-

« t-elle plus rien à faire au Parlement ? tout au contraire, et la néces
« sité d'une réforme législative reçoit une démonstration nouvelle,
« par ce seul fait que la loi a besoin d'être interprétée. Rappelez-
« vous la circulaire que M. Buffet a pu écrire précisément sur le
« même objet que M. Ricard, où le même article de la même loi était
« commenté et qui concluait par des instructions contraires. L'inter·
« prétation de M. Buffet a entraîné les pires conséquences et nous
« les avons subies. Aux lois caméléonnes, nous demandons qu'on
« substitue des lois qui ne changent point de sens, selon que tel
« ministre est au pouvoir. *Et remarquez encore qu'il n'est pas bien*
« *certain que cette circulaire même de M. Ricard soit exactement*
« *obéie.* Le colporteur et le libraire, au fond de leur département,
« pauvres diables, sont bien près du préfet, bien loin du ministre.
« Il n'y a de sûr que la loi, mais une loi si nette et si décisive qu'elle
« ne prête le flanc au mauvais vouloir de personne. C'est cette loi
« qu'il faut faire, et plus tôt que plus tard. »

Le *National* (même numéro) :

« M. Ricard s'est incliné devant la jurisprudence adoptée par la
« cour de Dijon qui a cassé le jugement de Chalon, cette cour n'ayant
« pas voulu admettre que la loi du 29 décembre 1875 eût abrogé l'ar-
« ticle 3 de la loi du 27 juillet 1849. Mais il ne résulte pas moins de
« ceci que le défaut d'abrogation régulière de la loi de 1849 rend
« illusoire, ainsi que l'a très-bien dit le tribunal de Chalon, la liberté
« que la loi de 1875 accorde aux journalistes de faire vendre leurs
« journaux sur la voie publique, puisque cette vente est à la discré-
« tion des préfets qui peuvent refuser ou même retirer les autorisa-
« tions que le maintient de la loi de 1849 rend nécessaires. Les ins-
« tructions que M. Ricard sent le besoin de donner aux préfets,
« ne sont que l'appréciation contenue dans le jugement de Chalon
« sur le rôle illusoire de la loi de 1875, si celle de 1849 est
« maintenue ; ces instructions ont dû faire ressortir aux yeux du
« ministre, la nécessité de mettre, par une loi nouvelle et sans am-
« biguïté, le droit qu'ont les journaux de se faire vendre sur la voie
« publique à l'abri des interprétations préfectorales qu'il ne sera pas
« toujours là pour condamner.

« Il y a donc nécessité, urgence même, d'édicter une loi nouvelle
« qui réponde à « la ferme volonté du gouvernement de faire, sui
« vant les termes de la circulaire, à la liberté des journaux la part
« aussi large que possible », de favoriser « la circulation des jour-
« naux dans lesquels l'opinion publique trouve son expression
« multiple et quotidienne, » et enfin, « de faciliter l'exercice d'une
« industrie qui ne saurait être tenue en suspicion par un gouverne -
« ment républicain. »

CONCLUSION.

Les feuilles que nous venons de citer concluent à la nécessité d'une nouvelle loi sur le colportage des journaux ; c'est là aussi la conclusion de notre travail. L'éminent rédacteur en chef du *National*, *M. I. Rousset*, qui depuis si longtemps est sur la brèche pour la défense des libertés publiques, et surtout de la liberté de la presse, a formulé, après l'article du *National* rappelé par nous, un projet de loi que nous avons l'honneur de recommander, d'une façon toute spéciale, à l'attention de nos législateurs. M. Rousset nous permettra de substituer à son article 4, qui concerne l'autorisation préalable pour les colporteurs, la disposition que nous avons déjà signalée.

Projet de Loi relatif à la Vente et au Colportage des Journaux sur la voie publique.

ART. 1er. — *Toute personne qui aura fait la déclaration nécessaire pour exercer la profession de libraire, qui possédera un magasin et qui paiera patente pourra, quel que soit son genre de commerce, ajouter à ce commerce celui de la vente des journaux.*

ART. 2. — *Toute personne qui se trouvera dans les conditions précédentes pourra avoir des employés chargés de la distribution des journaux à domicile et de la vente sur la voie publique.*

ART. 3. — *L'éditeur de tout journal pourra également avoir des employés chargés de la distribution des journaux à domicile et de la vente sur la voie publique.*

ART. 4. — *Les dispositions de l'art. 6 de la loi du 27 juillet 1849 et la loi du 16 février 1834, sur les crieurs publics, ne s'appliquent, dans aucun des cas précédents, et, en aucun cas, aux vendeurs, distributeurs et colporteurs, sur la voie publique, de feuilles périodiques ou journaux.*

Ce projet de loi est net et concis ; il ne peut prêter le flanc à des interprétations diverses. Nos députés verront s'il mérite les honneurs de la discussion. Dans tous les cas, il est urgent de procéder à une révision générale de nos lois sur la presse. Ces lois de compression, accumulées les unes sur les autres par tous les régimes qui, depuis 1789, ont eu peur de l'opinion publique, qui ont voulu « faire marcher la France » ont produit un inextricable chaos. La plupart sont des lois de transition, faites à la veille d'élections générales, comme la loi du 29 décembre 1875, et qui auraient dû disparaître après la période électorale. Presque toutes ont été conservées. De là des textes obscurs, des interprétations arbitraires, abusives, illégales. Il faut mettre de l'ordre dans ce désordre, supprimer le cautionnement et le timbre et abroger toutes les dispositions tendant à placer les imprimeurs et les écrivains sous la tutelle brutale de l'administration et à tenir les lettres françaises en état complet de servitude.

Mais il faut surtout déférer au jury la connaissance des crimes et délits commis par la voie de la presse. Il est irrationnel, en effet, de confier la répression des délits de presse aux juges ordinaires qui attendent du pouvoir leur avancement. Le gouvernement ne peut voir, avec faveur, des magistrats qui prononcent l'acquittement de ses ennemis ; il est, par suite, contraire à la justice de placer le magistrat entre son intérêt et son devoir. Du reste, les sentences de la justice, en matière de presse, ne flétrissent le coupable qu'autant que l'opinion publique les a confirmées ; c'est là une vérité, depuis longtemps exprimée, mais qui aujourd'hui n'a rien perdu de sa force. Il est triste de constater que les condamnations prononcées par la magistrature, en matière politique, n'ont reçu que bien rarement l'approbation popnlaire. Il n'en sera plus de même de celles infligées par le jury. Les arrêts des cours d'assises noteront d'une véritable infamie les citoyens qui ne craindront pas de troubler le repos public avec leurs criminels écrits. Ces décisions puiseront l'autorité la plus imposante et la plus incontestable dans l'indépendance et dans la liberté souveraine des jurés, sortis des entrailles du peuple, et investis, pour un temps limité, du pouvoir de juger leurs propres concitoyens. S'ils acquittent, et si les acquittements sont répétés, les verdicts ainsi rendus seront l'indice d'un malentendu entre le pouvoir et la nation, et seront, pour les gouvernants, l'invitation salutaire de faire droit aux réclamations, aux vœux de l'opinion publique.

Une nouvelle loi sur la presse, élaborée dans le sens que nous venons d'indiquer, est donc urgente, indispensable. La Chambre actuelle a toute l'ardeur, toute l'énergie, tous les éléments nécessaires pour mener à bonne fin cette œuvre de justice et de réparation, et mériter ainsi la reconnaissance du pays.

D'ailleurs, que peut-on craindre aujourd'hui en émancipant la presse ? Il existe une constitution qui répond aux nécessités de l'heure présente. Les débris dispersés des factions monarchiques ne font plus entendre que de timides protestations. C'en est fait ; après plus d'un demi-siècle d'efforts, de souffrances, de sacrifices, de luttes fratricides dans lesquelles le sang des citoyens français a rougi plus d'une fois les pavés des rues de nos cités, la République puissante comme la vérité, indestructible comme le droit, est à jamais fondée. M. le garde des sceaux Dufaure, dans une occasion solennelle, à propos de la discussion sur l'interprétation de l'article 3 du pacte constitutionnel, s'est chargé de ruiner, au sein même du Sénat, ce dernier boulevard de la réaction, les espérances anti-patriotiques et factieuses des anciens partis : « La République, leur a-t-il dit, est définitivement fondée ; laissez-là le chimérique espoir de la faire considérer encore comme provisoire. »

Dans cette situation, si heureuse pour la Patrie, le pouvoir doit se départir vis-à-vis de la presse des rigueurs familières au gouvernement de combat, mais indignes d'un gouvernement vraiment républicain. Du reste, par la modération que, depuis la dernière guerre, la presse française ne cesse de montrer, n'a-t-elle pas mérité qu'on allège un peu les lourdes chaînes qui pèsent sur la pensée « cette chose ailée et sacrée, comme disait Platon du poète. » Nos représentants se souviendront que, si notre chère et noble France est restée grande et respectée, après ses désastres et ses malheurs, elle le doit surtout à la puissance de l'idée. Ils se rappelleront qu'hier encore des délégations de peuples amis, assistant aux obsèques de Michelet, faisaient éclater sur la tombe de cet historien illustre leur ardent amour pour la France, patrie des lettres et des arts, et rendaient le plus glorieux hommage au talent de ses écrivains, au génie de ses penseurs. Aussi, sous l'impression salutaire produite dans leurs esprits par tous ces souvenirs, nos représentants n'hésiteront pas, nous en sommes sûrs, à favoriser la liberté de la presse, dans le sens que nous avons l'honneur de signaler à leur bienveillante attention.

Chalon-sur-Saône, imprimerie L. LANDA, rue de Gloriette.